Gert Janssen

Rückblick auf mein Leben

vta

FSC
www.fsc.org
MIX
Papier aus verantwortungsvollen Quellen
Paper from responsible sources
FSC® C105338

Gert Janssen

Rückblick auf mein Leben

Mit meinen Aufsätzen und Vorträgen ab 2001

vta

Impressum

Die Deutsche Nationalbibliothek verzeichnet diese Publikation in der Deutschen Nationalbibliographie; detaillierte bibliographische Daten sind im Internet über http://dnb.de abrufbar.

1. Auflage April 2024

E-Mail: mail@vta-verlag.com; https://www.vta-verlag.com/

Druck und Vertrieb: Books on Demand GmbH
In de Tarpen 42, 22848 Norderstedt

Umschlaggestaltung: deblik Berlin, unter Verwendung eines Bildes von Paul Signac (1863-1935): *Le Port au soleil couchant,* Opus 236 (Saint-Tropez), 1892. This work is in the public domain in its country of origin and other countries and areas where the copyright term is the author's life plus 70 years or fewer.

print ISBN **978-3-946130-53-6**

Inhalt

Vorwort

Das vorliegende Buch ist das Resultat meiner Mitgliedschaft im Berliner Arbeitskreis für Tiefenpsychologie, Gruppendynamik und Gruppentherapie (ITGG) seit mehr als 50 Jahren. Es enthält neben meiner Autobiografie auch einige meiner Aufsätze ab 2001 sowie Vorträge, die ich ab 2002 in der Urania Berlin und im Arbeitskreis gehalten habe. Bei den meisten von ihnen handelt es sich um das Thema Entwicklung der Persönlichkeit, ein Grundthema der Psychologie und Psychotherapie. Dabei folge ich dem Hinweis des Begründers und Mentors des Arbeitskreises, Prof. Dr. Dr. Josef Rattner, grundlegende Begriffe auf ein philosophisches Fundament zu stellen. Auch meiner Biografie liegt seine Empfehlung zugrunde, sich durch einen solchen Akt der Selbstbesinnung sein Leben verstehend anzueignen.

Nach dem autobiografischen Teil beginnt die Aufsatzsammlung beginnt mit einer Einführung zu einer Neuauflage des Buches von Oliver Brachfeld *Minderwertigkeitsgefühle beim Einzelnen und in der Gemeinschaft* (2002). Es folgen Vorträge zu den Themen „Minderwertigkeitsgefühle und ihre Überwindung", „Henrik Ibsen als Vorbild der Selbstfindung nach Ludwig Binswanger", „Das Zeiterleben des Menschen nach Eugen Minkowski", „Die Entwicklung des Selbst im Säuglingsalter nach Daniel Stern", „Entwicklung zur Person in Theorie und Psychotherapie bei Josef Rattner" und schließlich „Vom Mythus des Staates nach Ernst Cassirer". Zum letztgenannten Vortrag: Ich fand es faszinierend, wie sich Platons Idee des Rechtsstaats von ihren antiken Anfängen über das Mittelalter bis zur Neuzeit entwickelt hat, leider aber nicht gegen ihr Versagen im Nationalsozialismus gefeit war.

Hat man wie ich das Alter von 84 Jahren erreicht, so erwartet man, wenn man realistisch ist, nicht mehr allzu viel von der Zukunft. Dagegen richtet sich der Blick häufiger in die Vergangenheit. Und es entstehen Fragen: Wie ist es dazu gekommen, dass ich mein Leben so gestaltet habe, wie es geschehen ist? Was waren die Beweggründe für verschiedene Weichenstellungen im Lauf des Lebensweges und was ist dann daraus geworden? Die Gedanken darüber sind leicht zu flüchtig. Deshalb will ich versuchen, schriftlich festzuhalten, was mir wichtig erscheint.

Berlin, Mai 2024

Gert Janssen

I Autobiografie

Kindheit

Als Kind ist man ja irgendwie ein Spiegel seiner Eltern. Deswegen stelle ich zunächst meine Eltern vor. Mein Vater stammte aus einer alten Aachener Familie, die mehrfach höhere Beamte in der Stadt gestellt hat. In unserem Wohnzimmer hing immer ein großes Gemälde eines Schülers aus der Malerschule von W. v. Schadow aus dem Jahr 1847, auf dem der Vorfahr Kanzleirat Josef Janssen mit seiner Frau und seinen Kindern dargestellt war. Uns wurde gezeigt, von welchem der Kinder wir abstammten. (Nach dem Tod meiner Mutter habe ich das Gemälde im Einverständnis mit meinen Geschwistern an das Aachener Couven-Museum verkauft. Jahrelang wurde Werbung für das Museum mit Motiven dieses Gemäldes auf Fahnen vor dem Museumsgebäude gemacht.) Auch der Vater meines Vaters war städtischer Beigeordneter gewesen. Bei meinem Vater überwogen dagegen musische Neigungen. Er liebte sehr das Klavierspiel und hatte darin solche Fähigkeiten entwickelt, dass der Berufsweg zum Pianisten nahelag. Er litt unter Asthma. Meine Mutter war Tochter eines Justizrats, also eines Rechtsanwalts, der in Kriegszeiten auch als Staatsanwalt eingesetzt worden war. Beide Eltern waren sich ihrer Abstammung aus angesehenen Familien bewusst. Sie brachten aus ihrem Elternhaus eine konservativ-katholische Weltanschauung mit und achteten darauf, Umgang mit den „höheren Kreisen" der Stadt zu pflegen. Im Familienleben dominierte meine Mutter. Während sie willensstark war, machte mein Vater auf uns Kinder eher einen weichen, nachgiebigen Eindruck. Die Rollen waren nur vertauscht, wenn mein Vater am Flügel etwa eine Polonäse von Chopin spielte und meine Mutter ihn dafür bewunderte.

Nachdem das Vorspiel bei einem Musik-Professor ergeben hatte, dass mein Vater zwar sehr talentiert sei, aber dass es für eine Künstler-Karriere nicht ausreiche, musste mein Vater den Beruf eines kaufmännischen Angestellten ergreifen. Da seine Schwester einen Fabrikanten der Süßwarenindustrie geheiratet hatte, war es nicht schwer, fur ihn dort eine Anstellung zu finden. Aber glücklich oder erfolgreich wurde er nicht in dieser Funktion. Wenn er Ärger hatte im Beruf und das war nicht selten, setzte er sich zu Hause an seinen Flügel und spielte sich den Frust von der Seele. An manchen Abenden wurde richtig Hausmusik gemacht – oft er allein am Flügel, manchmal aber auch mit anderen Instrumentalisten oder er begleitete eine

Sängerin, die Arien aus bekannten Opern oder Operetten vortrug. Das war sowohl für ihn als auch für die Familie und etwa geladene Gäste ein Genuss.

Meine Eltern waren dem Schwager, der ebenfalls aus Aachen stammte, nach Berlin gefolgt. Dort hatte er in Berlin-Weißensee eine große Produktionsstätte für seine Süßwaren - hauptsächlich Schokolade und Pralinen - aufgebaut. Anfang der 30er Jahre bezogen sie in dem schönen Stadtteil Berlin-Frohnau ein neues Haus in der Nähe der Villa des Schwagers. Nach meinem Bruder, der Ende 1931 geboren wurde und meiner Schwester, die 3 Jahre später zur Welt kam, wurde ich als drittes Kind ein halbes Jahr vor Ausbruch des 2. Weltkriegs geboren.

Meine Eltern hatten gesellschaftliche Kontakte in einer sog. Dienstagsgesellschaft, zu der sie Hausmusikabende beisteuern konnten. Mein Vater glänzte dort durch sein Klavierspiel und meine Mutter managte den gesellschaftlichen Umgang. Beziehungen ergaben sich auch dadurch, dass meine Mutter jeweils bei der Geburt ihrer Kinder in der nahegelegenen Dominikus-Klinik Frauen aus der Nachbarschaft kennenlernte, die dort ebenfalls im Wochenbett lagen. Mit ihnen entstanden so vertrauenswürdige Beziehungen, dass sogar Kritik am aufkommenden Nationalsozialismus möglich war, ohne dass es zu Denunziationen kam.

Auch in der engeren und weiteren Verwandtschaft in Aachen ist mir niemand bekannt, der mit den Nationalsozialisten sympathisiert hätte. Ihre Ideologie konnte dort in Anbetracht der verbreiteten konservativ-katholischen Weltanschauung kaum Fuß fassen. Ein besonderes Beispiel ist in dieser Hinsicht der damalige Aachener Oberbürgermeister Franz Oppenhoff. Er nahm schon vor dem Kriegsende Kontakt mit den Amerikanern auf und wurde deswegen vom Werwolf ermordet. Eine kritische Einstellung zum NS-Regime hatte auch der nun in Berlin tätige Schwager. Insoweit war die NS-ferne Haltung meines völlig unpolitischen Vaters beruflich eher ein Pluspunkt als ein Nachteil.

Im Krieg

Meine erste Kindheitserinnerung ist, dass ich im Kinderzimmer vor einem großen Schrank auf dem Boden mit Bauklötzen spiele. Meine Mutter kommt herein und versucht mir immer wieder beizubringen, wie man damit einen Turm aufbaut. Meine Aktionen beschränken sich zu ihrem Leidwesen darauf, immer wieder den Turm umzuwerfen. Ansonsten kümmerte sich eine sehr liebe Kinderfrau um mich. Wahrscheinlich hatte sie selber einen Kinderwunsch, jedenfalls war sie sehr lieb zu mir, vielleicht sogar ein bisschen vernarrt in mich als Baby und Kleinkind.

Mit meinem Bruder hatten meine Eltern nach der Geburt meiner Schwester Schwierigkeiten. Er hatte als lebhaftes, gutaussehendes Kind drei Jahre lang ganz im Mittelpunkt ihres Interesses gestanden. Als meine Schwester zur Welt kam, zog sie wegen einer Entzündung im Brustraum plötzlich die ganze Aufmerksamkeit meiner Eltern auf sich und damit weg von meinem Bruder. Auf dieses starke Enttrohnungserlebnis reagierte er, indem er sich - wie man in der Psychologie sagt - negative Zuwendung holte. Zum Beispiel klebte er zum Ärger meiner Mutter in den Schränken die Schlüssellöcher mit Klebmasse zu und ähnliches. Das habe ich natürlich erst viel später erfahren. Hinzu kam bei ihm starkes Asthma bronchiale, weswegen man sich nun wieder um ihn sehr kümmern musste. Die Ärzte hatten meiner Mutter beigebracht, wie sie mit ihren Händen Atembewegungen meines Bruders durch Übungen mit Druck auf seine Rippen und wieder Nachlassen unterstützen konnte. Dieser Aufgabe unterzog sie sich aus Pflichtbewusstsein, aber näher kamen sich die beiden dadurch nicht. Im Gegenteil, ein Leben lang kämpften sie gegeneinander.

Als Kleinkind bekam ich von alledem nicht viel mit, sondern wurde von meiner Kinderfrau verhätschelt. Meine Mutter war mir sehr gewogen, weil ich nicht so lebhaft war wie mein Bruder und keine Schwierigkeiten machte, sondern ruhig und „gehorsam" - und wie sie später sagte, ähnlich wie mein Vater geraten war.

Der Krieg machte allem ein Ende. Mein Vater war wegen seines Asthmas nicht fronttauglich. Er wurde zum Oberkommando der Wehrmacht nach Meiningen eingezogen und übte dort vermutlich eine Bürotätigkeit aus. Wegen der immer größeren Gefahr von Luftangriffen auf Berlin kam meine Mutter auf die Idee, meine Schwester und mich in einem Kinderheim im Schwarzwald und meinen Bruder in einem dortigen Internat unterzubringen, während sie in Berlin das Haus hüten wollte. Das Kinderheim gefiel mir gar nicht. Nun wurde ich nicht mehr von der Kinderfrau verwöhnt, sondern musste die spärliche Zuwendung der Angestellten des Kinderheims mit vielen anderen Kindern teilen. Ich war sehr unwillig, hielt mich wenn möglich fern von den anderen Kindern und spielte für mich alleine. Ich kann mich sogar erinnern, dass ich ein anderes Kind in meiner Wut im Gesicht verletzt habe. Dieses frühe Erlebnis der Gemeinschaft als Entzug von Zuwendung und Wegfall der angenehmen Lebensverhältnisse, die ich in Berlin genossen hatte, war keine gute Vorbereitung auf das Leben.

Mein Bruder war von Kind auf sehr aktiv und selbständig. In dem Internat im Schwarzwald kam er eines Tages auf die Idee, dass wir Geschwister uns in einem Dorf nahe dem Kindergarten treffen könnten. Das gelang auch: er kam - obwohl ihm das verboten war und er wusste, dass er dafür bestraft werden würde - zu dem vereinbarten Treffpunkt, zu dem mich meine Schwester mitgenommen hatte. Worüber die beiden gesprochen haben, weiß ich nicht. Ich weiß nur, dass wir drei Kinder dort allein durch das Dorf spaziert sind. Später hat mein Bruder meiner Mutter vorgeworfen, dass sie uns damals allein gelassen hat.

Meine Mutter hatte aber insofern recht, als unser Haus in Frohnau bei einem Luftangriff stark beschädigt wurde. Deswegen zog sie etwa ein Jahr vor Kriegsende nach Meiningen (Thüringen) und mietete dort eine Wohnung, weil sie meinem dort in der Kaserne lebenden Vater nahe sein wollte. Aus dem Kinderheim im Schwarzwald holte sie meine Schwester und mich nach Meiningen. Es waren klägliche Verhältnisse und meine Mutter weinte viel. Ich weiß noch, dass ich mir vornahm, besonders lieb zu sein, weil sie so viel Leid erdulden musste.

In Meiningen erlebten wir die Luftangriffe der Alliierten. Ich erinnere mich vor allem an einen Alarm, bei dem wir wie viele andere aus der Stadt in den umliegenden Wald gelaufen sind, um den Bomben zu entgehen. Dort lag ein Wasserwerk, das anscheinend ein strategisches Ziel für den Luftangriff war. Jedenfalls fielen die Bomben nicht in der Stadt, sondern genau in diesem Waldstück, in dem wir uns versteckt hatten. Ich hörte das Pfeifen der fallenden Bomben und erlebte, wie die Erde bei ihrem Explodieren hochflog. Aber Verwundete habe ich nicht gesehen.

Bei Kriegsende war Thüringen und damit auch Meiningen amerikanisches Besatzungsgebiet. Wir Kinder hatten es sehr gut bei den amerikanischen Soldaten. Sie waren sehr kinderlieb und steckten uns Schokolade und Kaugummi zu. An der Ausgabestelle für Essen war man immer bereit, uns Kindern ein Stück Kuchen zu geben. Leider wurde im Potsdamer Abkommen vereinbart, dass Thüringen sowjetisches Besatzungsgebiet sein sollte. Wer vor den Russen fliehen wollte, musste also bis zu einem bestimmten Tag Meiningen verlassen und über die Grenze ins benachbarte amerikanische Besatzungsgebiet gehen. Der Tag wurde sehr kurzfristig bestimmt. Meine Mutter ließ ihn verstreichen mit der Begründung, dass sie die große Wäsche auf der Leine nicht zurücklassen könne. Mein Vater war aus der amerikanischen Gefangenschaft entlassen worden und zu uns gestoßen. Er konnte meine Mutter nicht umstimmen, obwohl es sehr fraglich war, ob uns die Russen an einem der Folgetage über die Grenze gehen lassen würden. Aber wir hatten Glück. So kurz nach dem Wechsel der Besatzungs-Streitkräfte trafen wir an der Grenze auf einen russischen Soldaten, der uns keine Schwierigkeiten machte, die Grenze zu passieren. Bei der Gepäckverteilung fiel mir als gerade Sechsjährigem die Aufgabe zu, den Geigenkasten mit der Geige meines Vaters zu tragen.

Flucht

In überfüllten Personenzügen und einmal auch in einem Güterzug schlugen wir uns ohne unseren Vater durch nach Saarlouis, wo der Bruder meiner Mutter ein Haus hatte, in dem er mit seiner Familie lebte. Er war Direktor des dortigen Werkes von Mannesmann und nahm uns gerne auf. (Ich nehme an, dass mein Vater nach Berlin gefahren ist, um sich dort um das beschädigte Haus in Frohnau zu kümmern.) Mein Bruder war so selbständig, dass er es allein vom Internat im Schwarzwald nach Saarlouis schaffte. Mein Onkel hatte in seinem Garten einen Bunker, in den wir uns bei Fliegeralarm zurückziehen konnten. Er war sehr nett und hat uns Kindern Geschichten erzählt, um uns von dem Geschehen draußen abzulenken. Als die Amerikaner anrückten, schloss er das Haus ab und wollte uns mit seinem Auto aus der Gefahrenzone fahren. Leider musste er feststellen, dass Leute von der NS-Partei sein Vorhaben geahnt und das Auto fahruntauglich gemacht hatten. So kam es, dass wir auf Fahrrädern Richtung Westen fuhren – das Ziel ist mir nicht mehr bekannt. Ich saß auf dem Fahrrad meines 17jährigen Vetters auf dem Gepäckständer, als am Himmel Tiefflieger auftauchten. Alle warfen die Fahrräder schnell in den Graben, um schleunigst in den nahen Wald zu laufen. Das gelang und keiner trug einen Schaden davon.

Nachdem die Amerikaner Saarlouis eingenommen hatten, kehrten wir wieder dorthin zurück. Als Dauerlösung war der Aufenthalt bei meinem Onkel aber nicht geeignet. So kam es, dass wir noch im Jahr 1945 weiter nach Aachen flohen, wo wir in dem großen Haus meines Großvaters eine Wohnung erhielten. Da der Schwager meines Vaters wegen der politischen Verhältnisse das – ohnehin zerstörte – Werk in Berlin-Weissensee aufgegeben hatte und zum Stammhaus in Aachen zurückgekehrt war, konnte mein Vater wieder in dessen Unternehmen tätig werden. Und wir konnten uns bald wieder über die von ihm nach Hause mitgebrachten Schokoladen und Pralinen freuen, die kleine äußere Fehler hatten, was aber den hervorragenden Geschmack nicht beeinträchtigte.

Aachen war nach dem Krieg sehr zerstört. Wir Kinder spielten viel in den Trümmern, in denen zum Teil noch brauchbare Sachen herumlagen. Als im Garten des Großvaters ein Hühnerstall angelegt werden sollte, haben wir ein Schränkchen aus dem benachbarten Trümmergrundstück geholt und zum Hühnerstall umfunktioniert. Das Leben war sehr karg in der Nachkriegszeit. Zum Einkaufen brauchte man Lebensmittelkarten. Ich erinnere mich, dass es damit zum ersten Mal ein Stück Seife ohne Sand gab! Was für ein Luxus! Zwischen meinen Eltern gab es Streit, weil mein Vater mit dem wenigen Geld bei einem Bauern einen großen Schinken gekauft hatte. Für meine Mutter war das Verschwendung, denn was hätte man für das Geld alles kaufen können!

Ein Löschteich in der Nähe wäre mir fast zum Verhängnis geworden. Ich spielte dort mit einem gleichaltrigen Jungen, ich glaube wir sammelten Bucheckern. Anscheinend war ich irgendwie unachtsam, jedenfalls lag ich plötzlich im Wasser. Ich sank tiefer und tiefer herunter, während ich langsam meine Lage realisierte. Ich konnte zwar nicht schwimmen, ich nehme aber an, dass ich schon Schwimmunterricht gehabt hatte. Jedenfalls wusste ich theoretisch, dass man sich mit Armen und Beinen bewegen muss, wenn man sich über Wasser halten will. Zum Glück besann ich mich darauf und fing an, Arme und Beine entsprechend zu bewegen. So gelang es mir, wieder an die Oberfläche zu kommen und mich an den Rand des Löschteichs zu bewegen. Der Spielkamerad hat mir dann vom Ufer aus geholfen, über den Rand des Löschteichs aus dem Wasser zu kommen.

Unser Familienleben in Aachen war gekennzeichnet durch ständige Auseinandersetzungen zwischen meiner Mutter und meinem sehr selbständigen Bruder. Um den Erziehungsschwierigkeiten mit ihm aus dem Weg zu gehen, hatte sie ihn zunächst für kurze Zeit in ein Internat gegeben. Als er danach zurückkam, pflegte er Kontakte mit gleichaltrigen Jungen, die meinen Eltern nicht gefielen. Sie - das heißt meine Mutter - verboten ihm den Umgang mit ihnen, weil sie wohl ein Abgleiten in die Kriminalität befürchteten. Er rebellierte dagegen, weil er sich zu Unrecht eingeschränkt fühlte. Es kam zu lautstarken Wortwechseln und einer ständig gespannten Atmosphäre, die ich voller Angst und innerer Unruhe erlebte. Dazu kam, dass mein Bruder nun versuchte, uns Geschwister auf seine Seite zu ziehen. So kämpferisch er meiner Mutter gegenüber sein konnte, so viel Charme konnte er entwickeln, wenn es ihm darum ging, meine Schwester und mich für sich zu gewinnen. Alle ‚wenn' und ‚aber' schob er beredt beiseite. Er überschüttete uns mit einer Fülle von Argumenten - ich stand meist nur da und ließ seinen Redestrom über mich ergehen. Aber ich wollte weder die Zuwendung meiner Mutter noch die meines „großen" Bruders verlieren. Ich sah keine andere Lösung, als mich so neutral wie möglich zu verhalten. Das wurde mir von keiner Partei übelgenommen. Die Folge war leider, dass mir die „erfolgreiche" Zurückhaltung zur Gewohnheit wurde. Überall dort, wo Expansion oder Anteilnahme am Platz gewesen wäre, übte ich mich in Zurückhaltung und Neutralität, auch als er längst das Elternhaus verlassen hatte.

Schulzeit

Danach war ich viel allein. Meine fünf Jahre ältere Schwester verbrachte ihre freie Zeit mit Schulfreundinnen oder in der Kirche und war dann als Au-Pair-Mädchen in England und Frankreich. Mit Kindern „auf der Straße“ hatte ich nicht spielen dürfen und daher keine Kontakte außerhalb der Familie. Zum Glück hatte ich einen gleichaltrigen Vetter, zu dem ich freundschaftliche Beziehungen hatte. Er wohnte aber in einem ziemlich weit entfernten Aachener Viertel.

So kam es, dass ich schon sehr früh allein bei meinen Eltern und nach dem frühen Tod meines Vaters bei meiner Mutter lebte. Mein Vater war im Sommer 1954 bei einem Rehabilitations-Aufenthalt in Bayern nach dem Aufstieg auf den Wendelstein oben auf dem Gipfel einem Herzschlag erlegen. Für meine Mutter war der Tod meines Vaters ein furchtbarer Schlag. Sie war zu diesem Zeitpunkt erst 46 Jahre alt. Meinem Vater hatte sie von der Rehabilitation abgeraten, weil sie davon ausging, dass das seinem Fortkommen im Betrieb des Onkels schaden würde. Mein Vater hatte aber mehrmals zu Hause über Herzbeschwerden geklagt. Ferner litt er ja auch an Asthma. Meine Mutter hat danach bis zu ihrem Tod mit 98 Jahren allein gelebt.

Nach dem Ende der Kriegsereignisse verzögerte sich die Wiederaufnahme des Schulbetriebs. Daher konnte ich erst mit 7 Jahren - 1946 - eingeschult werden. Die Klasse war sehr groß. Ich war ziemlich schüchtern und wollte nicht aufgerufen werden. Meist gelang es mir, in den letzten Reihen der Klasse hinter den Vorderleuten unterzutauchen. Da ich aber einen langen Oberkörper habe, musste ich mich dennoch ziemlich zusammenkrümmen, um vom Lehrer nicht gesehen zu werden. Das war auf die Dauer ziemlich quälend. In den Zeugnissen fand sich regelmäßig die Bemerkung: mangelnde Beteiligung am Unterricht. Zu den anderen Kindern hatte ich keinen Kontakt, bis auf einen Mitschüler, der ein Stück weit denselben Heimweg hatte wie ich. Wenn ich die Hausaufgaben vergessen hatte, was leider öfter vorkam, habe ich mich bei ihm danach erkundigt. Das „Vergessen“ der Aufgaben hatte natürlich Gründe: Ich war sehr verspielt und ärgerte mich über die Zeit, die durch die Erledigung der Hausaufgaben „verlorenging“. Dass es damit so lange dauerte, lag auch daran, dass ich - aus heutiger Sicht - ziemlich perfektionistisch zu Werke ging. Ich kann mich noch erinnern, dass ich schon bei der ersten Aufgabe:

auf der Schiefertafel eine Reihe ‚i' zu schreiben, nicht vorwärtskam. Statt irgendwelche ‚i's hinzuschreiben, radierte ich bereits das erste ‚i' immer wieder aus, weil ich es irgendwie nicht gelungen fand. So kam ich nicht weiter. Weil ich jammerte, kam ausnahmsweise mein Bruder zu Hilfe und schrieb schnell die Reihe ‚i' hin. Es war aber klar, dass das für ihn ein Einzelfall war. Auf mich allein gestellt wurde das Anfertigen der Hausaufgaben zu einer Plage. Fast meine gesamte Freizeit musste ich dafür opfern und erhielt doch nur durchschnittliche Zensuren. Gefühle der Anstrengung und Mühsal überwogen. Heiterkeit oder Freude am Lernen waren mir fremd.

Hinzu kam, dass ich ein Musikinstrument erlernen sollte – wie das in allen bürgerlichen Familien damals Brauch war. Da mein Bruder und meine Schwester sich bereits für das Klavierspiel entschieden hatten, schlug mein Vater mir das Violinspiel vor. Eigentlich hatte ich weder für das eine noch für das andere Instrument Lust, weil ich voraussah, dass damit der letzte Rest meiner Freizeit wegfallen würde. So willigte ich nolens volens ein. Eine entfernte Verwandte unserer Familie, die manchmal bei Hauskonzerten mit meinem Vater mitgewirkt hatte, gab mir Unterricht. Obwohl ich gerne klassische Musik hörte, fand ich keinen Gefallen daran, nun selbst Geige zu spielen. Die kläglichen Töne, die ich in der ersten Zeit hervorbrachte, waren mir eher peinlich in Anbetracht der perfekten Darbietungen der Solisten, die ich von den Konzerten und vom Radio her kannte. Das Spiel auf der Geige verlangt tatsächlich viel Übung, weil man anders als beim Klavier – wo der Ton bei jeder Taste festliegt – selbst den Ton auf den Saiten richtig greifen muss. Dazu fehlte mir die Begeisterung und der Durchhaltewillen. Erst als es darum ging, beim Schulorchester auf dem Gymnasium mitzumachen, fing ich an, ernsthaft zu üben, weil ich mich nicht blamieren wollte. Dort haben wir es kurz vor dem Abitur bei einem sehr ambitionierten Musiklehrer immerhin bis zur „Kleinen Nachtmusik" von W.A. Mozart geschafft. Übrigens war der bekannte Pianist und Dirigent Christoph Eschenbach in meiner Parallel-Klasse. Schon damals trat er bei Veranstaltungen in der Aula des Gymnasiums als Pianist hervor.

Auf dem Gymnasium verhielt es sich mit den Kontakten zu den Mitschülern ähnlich wie in der Grundschule. Die Klassenkameraden lachten mir zu viel, überhaupt gefiel mir die oft läppische Art der Kommunikation nicht. Deshalb machte ich da nicht mit und verhielt mich nur so, dass ich nicht zum Außenseiter wurde. Mit dem neben mir sitzenden Mitschüler verstand ich mich dagegen gut.

Ein schüchterner Versuch von mir, einmal Kontakt außerhalb der Familie aufzunehmen, ging schief. Im Alter von ca. 12 Jahren befreundete ich mich mit einem ca. 10-jährigen lebenslustigen Mädchen, das im benachbarten Haus wohnte. Wir spielten gemeinsam in den Gärten hinter den Häusern. Leider fiel diese harmlose Freundschaft in eine Zeit, in der ich auf dem Gymnasium im Fach Deutsch ziemliche Probleme hatte. Für die „Besinnungsaufsätze“, die in den Klassenarbeiten zu schreiben waren, fehlte mir die Lebenserfahrung und die Phantasie. Als unser Deutschlehrer meiner Mutter schließlich sagte, dass meine Versetzung gefährdet sei, ermahnte sie mich, den Kontakt mit der Nachbarin einzuschränken. Anstatt so viel Zeit mit dem Mädchen im Garten zu verbringen, sollte ich mich im problematischen Fach Deutsch üben. Leider nahm ich mir das so zu Herzen, dass ich – überhaupt ungeübt im freundschaftlichen Umgang – nach der Devise „entweder ganz oder gar nicht“ den Kontakt mit dem Mädchen von heute auf morgen abbrach. Darunter hat sie – wie ich später hörte – sehr gelitten.

Andererseits hat sich meine Mutter enorm dafür eingesetzt, dass ich nicht „sitzen blieb“. Es gelang ihr nämlich, einen von mir geliebten Lehrer aus der Grundschule dazu zu bewegen, mir Nachhilfe-Unterricht in Deutsch zu erteilen. Das kann nicht einfach gewesen sein, denn er war inzwischen Rektor einer Mittelschule geworden und überhaupt nicht darauf angewiesen, durch Nachhilfe Geld zu verdienen. Bis heute ist mir rätselhaft, wie sie das geschafft hat. Der Mann war ein ausgezeichneter Pädagoge. Er war in der Lage, das Lernen leicht und angenehm zu gestalten. Zum Beispiel schlug er gleich vor, die Nachhilfe nicht oben in unserer Wohnung durchzuführen, sondern im schönen Garten hinter dem Haus meines Großvaters. In dieser ansprechenden und entspannenden Atmosphäre hat er dann mit mir über Komma-Regeln, das Anfertigen von Besinnungsaufsätzen etc. gesprochen. Der Erfolg blieb nicht aus. Schon bald kamen entwarnende Signale vom Deutschlehrer.

Günstig war für mich, dass es sich um ein neusprachliches Gymnasium handelte; denn die englische und französische Sprache interessierten mich. Ich machte dort gute Fortschritte und wurde wegen meiner guten Aussprache oft aufgerufen, wenn es um das Vorlesen von Texten ging. Auf der Obersekunda erhielt ich sogar für meine französischen Sprachkenntnisse einen Preis der benachbarten Städte Aachen und Lüttich (Belgien), den sie zur Förderung ihrer industriell-wirtschaftlichen Beziehungen ausgesetzt hatten. Der Preis war mit einer Geldsumme, einem Empfang beim Oberbürgermeister der Stadt Aachen und dem Austausch mit einem Schüler in Lüttich verbunden. Der Oberbürgermeister von Aachen war ein entfernter Verwandter unserer Familie. Er staunte nicht schlecht, als ich dort zum Empfang erschien. Der Schüleraustausch mit dem belgischen Schüler und der Umgang mit seiner sprachgewandten Familie war für mich schwierig. Nicht nur weil ich mit meinem Schul-Französisch doch ziemlich überfordert war, sondern auch, weil ich derart intensive Kontakte nicht gewohnt war.

In diese Zeit fällt auch die von einem neuen Deutsch-Lehrer mit unserer Klasse durchgeführte Aufführung des Theaterstücks „Nun singen sie wieder" von Max Frisch. Es geht darin um Soldaten, die unmenschliche Befehle ausführen müssen und dies als Schuld erleben. Als Zweitbesetzung für die Rolle eines Popen fiel ich aus, weil ich zu gehemmt war, um auf der Bühne frei zu sprechen. Um aber mitzumachen, bot ich mich für die Geräuschkulisse an; denn ich konnte sehr gut mit dem Tonbandgerät umgehen. Die erforderlichen Geräusche: Sirenenalarm, herabfallende Bomben, auch ein Schuss auf der Bühne, hatte ich noch vom Krieg in Erinnerung. Es gelang mir, sie so täuschend zu imitieren, dass die Zuschauer bei der Aufführung in der Aula unseres Gymnasiums zusammenzuckten. Sogar in der Aachener Zeitung wurden in einer Kritik der Aufführung die Leistungen des „Toningenieurs" gelobt.

Wegen meiner Verdienste auf diesem Gebiet wurde ich vom Absolventen eines anderen Aachener Gymnasiums, Gerd Heinz, der Schauspieler und Regisseur werden wollte und eine Laienspielgruppe zusammengestellt hatte, angesprochen. Er wollte sich an einem Wettbewerb im damaligen Nordwestdeutschen Rundfunk mit einer Tonband-Aufnahme des Stücks „Oberst Chabert" von H. Rehfisch beteiligen. Ich sollte das Schauspiel nebst Geräuschen auf Tonband aufnehmen. Das habe ich dann auch gemacht. Leider wurde die Aufnahme wegen irgendwelcher nicht eingehaltenen Richtlinien vom Wettbewerb ausgeschlossen.

Zur Feier des Abiturs gab es auch ein paar bunte Seiten mit einer Karikatur, auf der alle Klassenkameraden mit dem Klassenlehrer in einem Schiff gezeichnet waren. Nur ich lief auf der Karikatur mit einem Tonbandgerät neben dem Schiff her, war aber verbunden mit den anderen durch meinen Banknachbarn, der sich über den Rand des Schiffs nach außen beugte und mir die Hand hielt. Der Zeichner hatte damit sehr gut mein Verhältnis zur Klasse dargestellt.

In diese Zeit fällt auch der Besuch von Tanzkursen, einmal mit Bekannten und einmal mit den Klassenkameraden und einer gleichaltrigen Mädchenklasse. Von der Musik und vom Rhythmus her machte mir das Tanzen Freude, aber der Umgang mit den „Damen" war für mich ein Problem. Was Konversation anging, hatte meine Mutter die Auffassung, dass man keine Fragen stellen darf, weil das neugierig ist. Leider hielt ich mich an diese Maxime. Aufgrund dieser falschen Ansicht fehlte mir aber eine wichtige Grundlage für ein Gespräch bzw. eine Beziehungsaufnahme. So war es für mich ein sehr gespaltenes Vergnügen.

Bundeswehr und Studium

Die Berufswahl gestaltete sich sehr schwierig. Eigentlich fühlte ich mich zu technischen Berufen hingezogen und wäre gerne Diplom-Ingenieur geworden. Aber ein Vetter, der gerade an der Technischen Hochschule in Aachen dieses Fach studierte, sagte mir, dass das Studium zum Dipl.-Ing. ein reines Mathematik-Studium sei. Mathematik war jedoch eins meiner schwächsten Fächer und machte mir gar keinen Spaß. Es musste also ein anderer Beruf gefunden werden. Bei Überlegungen mit meiner Mutter entstand die Idee, in Frage kommende Berufe auf einer Liste zu sammeln. Ich sollte dann die Berufe, die mir nicht zusagten, nach und nach streichen, um zu sehen, was übrigbleibt. Schließlich blieb Jura übrig, weil man mit diesem Studienabschluss sehr viele Berufsmöglichkeiten hat.

Zunächst folgte aber wegen der seit 1957 wieder bestehenden Wehrpflicht ein Jahr bei der Bundeswehr. Wie viele andere Schulabgänger war ich auf deren Werbung hereingefallen, das Pflichtjahr vor dem Studium abzuleisten, „weil sonst das Studium wegen der Wehrpflicht unterbrochen werden muss". Später haben wir gemerkt, dass das gar nicht stimmte. Ich wurde für die Fernmelde-Kompanie in Delmenhorst eingeteilt. Zunächst hatte ich Glück. Die Grundausbildung im freien Gelände fiel in den wunderbaren Sommer 1959, für Weinkenner ein hervorragender Jahrgang. Kein Tropfen Regen trübte den Himmel, vielmehr schien die Sonne unablässig. Wenn also in der Grundausbildung im Gelände der Befehl „Atomblitz" ertönte – was hieß, dass man sich auf der Stelle auf den Boden werfen muss und von den Ausbildern bevorzugt auf nassem Gelände praktiziert wurde – kamen wir in diesem Sommer nur mit dem trockenen Boden in Berührung, was ja nicht schlimm war. Danach plagte uns die Geistlosigkeit des Unternehmens. Wenn ich auch die Möglichkeit nutzen konnte, dort Schreibmaschine-Schreiben zu lernen, so gab es doch viel Leerlauf. Insgesamt hatten eigentlich alle Wehrpflichtigen das Gefühl, dort Zeit zu verschwenden.

Die Langeweile war schuld, dass ich bei einer Manöver-Übung in Spionage-Verdacht geriet. In unserer Fernmelde-Kompanie wurden die Fernschreiber-Texte auf Englisch abgefasst - es sollte ein Nato-Manöver sein - und nach Gebrauch in Säcke für die Entsorgung geworfen. Wegen stundenlangen tatenlosen Wartens kam ich auf die Idee, meine Englisch-Kenntnisse aufzufrischen anhand solcher Fernschreiber-Texte, die ich aus einem Sack herausnahm. Dabei beobachtete mich ein Sicherheits-Offizier, der mich wegen Spionage-Verdacht verhaften ließ. Ich wurde vom Militärischen Abschirm-Dienst (MAD) verhört. Dort konnte man sich ein solch militärfremdes Verhalten, wie ich es vorbrachte, nicht vorstellen. Immerhin erkundigte man sich in meinem Gymnasium in Aachen nach meinem Leumund und erfuhr, dass ich ein unverdächtiger Schüler aus einer alten Aachener Familie gewesen sei. Nachdem sich sogar der Religionslehrer für mich verbürgt hatte, ließ man es bei einem Verweis bewenden. Zur „Strafe“ wurde ich ein halbes Jahr später als normal vom Gefreiten zum Obergefreiten befördert, was mich nun wirklich nicht sehr störte. Damit war die Sache erledigt.

Das Jura-Studium begann ich an der Bonner Friedrich-Wilhelms-Universität. Verwandte, die ebenfalls studiert hatten, hatten mir empfohlen, in eine Verbindung einzutreten, um gleich Kontakt zu anderen Studenten zu bekommen. So trat ich in eine katholische Studenten-Verbindung ein, deren Mitglieder hauptsächlich aus Jura-, Medizin- und Lehramts-Studenten bestanden. Für mein Studium war der Austausch mit den Studien-Kollegen tatsächlich gut, besonders, als es an die Vorbereitung des Examens ging. Das sonstige Verbindungsleben sagte mir nicht sehr zu. Vor allem hatte ich etwas gegen das Bier-Trinken. Zum Glück war man schon so „modern“, keinen Anstoß daran zu nehmen, wenn ich auf Wasser oder Apfelsaft auswich.

Für ein Semester wechselte ich mit einem Verbindungs-„Bruder“ an die Freiburger Albert-Ludwigs-Universität. Dort erlebte ich im Jahr 1962 eine der letzten Vorlesungen des Philosophen Martin Heidegger. Das Interesse daran war so groß, dass die Vorlesung in mehrere Hörsäle übertragen wurde. Ich erinnere mich genau, wie er bezugnehmend auf sein bedeutendes Werk „Sein und Zeit“ mit den Worten begann: „Die Beziehung von Sein und Zeit zeigt sich schon daran, dass man, wenn ein Mensch stirbt, im Volksmund sagt: ‚er segnet das Zeitliche‘. Zwei oder drei Sätze weiter verstand ich dann nichts mehr, als es ungefähr hieß „Das Sein west sein Vierfaches ... " Dennoch hat mich dieses Erlebnis sehr beeindruckt.

Als Jurist erhält man die wesentlichen Kenntnisse für das Examen nicht in den Vorlesungen an der Universität, sondern beim Repetitor. In Bonn gab es einen berühmten Repetitor namens Schneider, bei dem sich eigentlich alle angehenden Juristen auf das Examen vorbereiteten. Dort erwarb ich die erforderlichen Grund-Kenntnisse, den Rest besorgte ich mir in einer Arbeitsgemeinschaft, die wiederum mit Examenskollegen aus der Verbindung zustande kam. Für mich als Gehemmten war vor allem von Bedeutung, dass ich dort Gelegenheit hatte, den mündlichen Vortrag zu trainieren. So gelang es mir, im November 1963 das Referendar-

Examen zu bestehen. Als ich dem Repetitor nach dem Examen davon berichtete, wie es mir gelungen sei, in der Prüfung meine Zurückhaltung zu überwinden, sagte er freundlich, aber bestimmt: „Der Beruf des Juristen ist nichts für Schüchterne". Damit hatte er vollkommen recht, wie mir eigentlich auch klar war. Aber nun hatte ich einen Abschluss in diesem Studium und kam gar nicht auf die Idee, am einmal eingeschlagenen Berufsweg etwas zu ändern.

Referendarausbildung und Dissertation

Berufliche Aussichten hat man nur als „Volljurist“, das heißt, wenn man die Befähigung zum Richteramt erlangt hat. Deshalb trat ich in den anschließenden Vorbereitungsdienst als Referendar ein. Dort muss man hauptsächlich juristische Gutachten und Urteile schreiben. Wie schon im Studium bereitete mir das Schriftliche selten Schwierigkeiten, mündlich war ich kaum gefordert. Die Stationen im Vorbereitungsdienst dauerten zwischen 2 und 6 Monaten und konnten in verschieden Bundesländern absolviert werden. Das kam meinem Wunsch, dem "goldenen Käfig" in Aachen zu entfliehen, entgegen. Irgendwie scheine ich die Vorstellung gehabt zu haben, dass Ortswechsel die Lebensqualität verbessern würden. Dass ich meinen Charakter überall hin mitnahm, war mir noch nicht klar.

Neben dem Wechsel zwischen Bonn, Köln und Aachen gelang es mir, eine Station in München, eine in Rosenheim und eine in Traunstein zu absolvieren. Derartige Ortswechsel waren für mich unproblematisch, da ich seinerzeit das Preisgeld für meine Französisch-Kenntnisse auf dem Gymnasium zusammen mit Ersparnissen gut angelegt hatte. Ich profitierte vom damaligen „Wirtschaftswunder“ mit seinen enormen Kurssteigerungen am Aktienmarkt und konnte mir daher zu Beginn des Studiums einen Kleinwagen kaufen. München und Umgebung interessierte mich abgesehen vom landschaftlichen Umfeld wegen meiner Vorliebe für klassische Musik. Ich besuchte u.a. Konzerte im Herkulessaal der Residenz. Eine besondere Erinnerung ist eine Aufführung der „Hochzeit des Figaro“ von W.A. Mozart im barocken Cuvillés-Theater mit einer Studentin, die ich kurz vorher kennengelernt hatte.

Unter Kollegen wurde vielfach beklagt, dass es trotz der anspruchsvollen Ausbildung zahlreiche arbeitslose Juristen gebe. Deshalb kam ich auf die Idee, zu promovieren, um meine beruflichen Chancen zu verbessern. Das war an der Kölner Universität auch ohne Prädikatsexamen möglich. Im Vorbereitungsdienst konnte ich deswegen Sonderurlaub beantragen. Bei einem Professor für Arbeitsrecht erhielt ich ein Thema über die Dispositivität verschiedener Normen im Urlaubsrecht. Bei der Abfassung war ich völlig auf mich allein gestellt. Ich sah mir zunächst andere juristische Dissertationen an, um den Aufbau bzw. die Struktur einer solchen Arbeit kennenzulernen. Manchmal kam ich beim Arbeiten über mein Thema gut voran, manchmal ging es aber auch gar nicht. Einmal habe ich quasi als Ersatzhandlung mit meinem kleinen Fiat eine schnelle Runde auf dem nahen Nürburgring gedreht, um wenigstens hier das Gefühl des Vorankommens zu erleben. Immerhin konnte ich die Dissertation nach ca. zwei Jahren fertigstellen und bei der Fakultät in Köln abgeben.

Staatsexamen und Lebenskrise

Danach, am 2. Juli 1968, trat ich im wieder aufgenommenen Vorbereitungsdienst eine neue Station beim Kammergericht in Berlin an. Hier hatte meine Mutter aus ihrer Berliner Zeit eine Bekannte, die in ihrem Haus in Frohnau mit ihrem Adoptiv-Sohn und dessen Frau lebte. Insofern bestand für mich von vornherein eine Kontaktmöglichkeit in der ansonsten fremden Stadt. Der Tod von B. Ohnesorg im Monat davor, überhaupt die politische Situation in Berlin, spielte dagegen keine Rolle für meine Wahl dieses Ortes. Geprägt vom konservativ-katholischen Elternhaus stand ich dem politischen Treiben der Studenten hier eher skeptisch gegenüber.

Die juristische Arbeit für das Kammergericht war sehr anspruchsvoll. Daneben bestand die Pflicht, in der Referendar-Arbeitsgemeinschaft den Umgang mit dem für das zweite Staatsexamen wichtigen Prozessrecht zu lernen. Damit hatte ich große Mühe. Heute denke ich, dass ich nach der Anfertigung der Dissertation doch ziemlich erschöpft war und für die erneut hohen juristischen Anforderungen, die die Vorbereitung des zweiten Staatsexamens mit sich brachten, nicht mehr über genügend Kräfte verfügte.

Hinzu kam, dass ich auch in meinem Privatleben nicht mehr weiterkam. Wie schon in München und in Köln kam es in Berlin zum Abbruch eines Partnerschaftsversuchs. Auch ansonsten hatte ich außer der Familie in Frohnau keine Freunde, nur oberflächlich Bekannte und die Verwandten in Aachen. Das waren sehr ungünstige Voraussetzungen für die anstehende zweite Staatsprüfung. So wundert es nicht, dass ich schon an den Hausarbeiten für das Examen scheiterte. Die erste zog ich als misslungen zurück, obwohl ich mir damit viel Arbeit gemacht hatte. Die zweite Hausarbeit gab ich schließlich ab, obwohl ich sie ebenfalls für misslungen hielt, weil ich einfach keine Kraft mehr hatte für einen weiteren Versuch.

Um eine Schonfrist hinsichtlich des Fortgangs des Examens zu erhalten, meldete ich mich krank. Gleichzeitig war mir klar, dass ich etwas unternehmen musste, um mein Leben zu ändern. Zu dieser Zeit gab es in Hamburg einen sehr bekannten Psychiater namens Bürger-Prinz, von dem ich durch Stellungnahmen in der Presse einen positiven Eindruck gewonnen hatte. Deshalb wandte ich mich schriftlich an ihn und schilderte ihm meine Situation: den voraussichtlichen Fehlschlag beim Assessorexamen und meine isolierte Situation. Er gab meinen Fall weiter an seinen Berliner Kollegen, den Chefarzt der dortigen Nervenklinik. Der bot mir einen Termin bei seinem Oberarzt Dr. H. an, den ich wahrnahm. Nachdem er sich meine Geschichte angehört hatte, meinte er, was mir fehle, seien mitmenschliche Kontakte. Er habe da eine Idee und verwies mich an seinen Kollegen Dr. T., der zusammen mit einem Arzt aus der Schweiz eine Gruppentherapie mache. Das solle ich mir doch einmal anschauen. Wenn es mir nicht zusage, solle ich mich wieder bei ihm melden.

Gruppentherapie und zweites Staatsexamen

So kam ich zu Josef Rattner, der zusammen mit Dr. T. in dessen Wohnung eine Gruppentherapie an mehreren Tagen in der Woche durchführte. Für mich tat sich eine neue Welt auf. Hatte ich bisher andere Menschen nur distanziert kennen gelernt, also im konventionellen Umgang, so erlebte ich nun zum ersten Mal das Innenleben anderer, was sie fühlten und erlebten, allein, in der Partnerschaft oder bei der Arbeit. Vor allem wurde mir bewusst, dass andere Menschen ähnliche Probleme im mitmenschlichen Kontakt hatten wie ich. Das war ein unerhört verbindendes Element. So kam ich bald in Kontakt mit anderen Gruppen-Mitgliedern, der bei JR auch außerhalb der Gruppentherapie erlaubt war. Er förderte das sogar, indem er uns aufforderte, mit ihm frühmorgens im Stadtbad schwimmen zu gehen. Auch mittags gab es eine Möglichkeit, in einer sozialen Einrichtung essen zu gehen und sich hierbei mit anderen aus der Gruppentherapie zu treffen.

Die Gruppentherapie war für mich und alle, die daran teilnahmen, ein besonderes Erlebnis. Jeweils einer aus der Gruppe stand an drei Tagen abends für eine Dreiviertelstunde im Mittelpunkt des Gesprächs. An ihn konnten die Teilnehmer der Gruppentherapie Fragen richten, vorausgesetzt dass sie nach einer gewissen Zeit des Zuhörens die Art und Weise des Fragenstellens – nicht ausforschend, sondern anteilnehmend - kennengelernt hatten. Der Therapeut schaltete sich manchmal ein und hielt vor allem ein abschließendes Votum. Die Gruppentherapie wurde begleitet von einer Einzeltherapie, in der man seine Probleme ergänzend mit dem Therapeuten besprechen konnte. Hinzu kam noch im wöchentlichen Rhythmus eine Theoriestunde hauptsächlich über Themen der Psychologie, aber auch über geistige Strömungen in Politik, Literatur oder Kunst.

Wer hin und wieder im Mittelpunkt des Gesprächs gestanden hatte, erlebte die teilnehmenden Fragen der Gruppenmitglieder als enorme Zuwendung. So erging es mir auch. Die Distanz, die ich bis dahin zu den Mitmenschen gespürt hatte, wich nach und nach einem Gefühl der Geborgenheit in der Gruppe. Und das strahlte nach einer gewissen Zeit auch auf die Menschen außerhalb der Gruppe aus, bei denen ich ja ahnen konnte, dass sie ähnliche Gefühle oder Schwierigkeiten hatten wie der Ausschnitt aus der Gesellschaft, den ich in der Gruppe erlebte.

Wie bedenklich mein seelischer Zustand zu Beginn der kombinierten Einzel- und Gruppentherapie war, geht aus der folgenden Einzelstunde bei JR hervor. Der Schwerpunkt lag dort zunächst auf dem Abbau von Misstrauen und Angst. Beides hatte bei mir zu einer fast paranoiden Kombinatorik geführt. Zu viele Äußerungen oder Gesten meiner Bezugspersonen bezog ich auf mich. Nichts schien bedeutungslos zu sein. J.R. forderte mich auf, mein Menschenbild von ihm und den Gruppenmitgliedern korrigieren zu lassen:

JR: Was gibt es bei Ihnen?

Gert: Ich möchte mit Ihnen über Helga sprechen. Sie hatten mir in der letzten Sitzung angeraten, mich von ihr zurückzuziehen. Aber ich kann das nicht. Eine persönliche Beziehung einfach abbrechen, für einige Zeit suspendieren, ich finde das zu viel verlangt. Auch hatte ich furchtbare Angst, daß Sie Helga in diesem Sinne beeinflussen würden. Sie hatte am vergangenen Montag eine Sitzung bei Ihnen.

JR: Kein Wort fiel von Ihnen. Ich habe auch nicht gesagt, daß Sie die Beziehung abbrechen sollen. Nur das erotische Problem sollte nicht im Vordergrund stehen. Den sonstigen Umgang sollte das nicht tangieren.

Gert: Aber man kommt in ein gewisses Stadium der Beziehung, und dann sollte es einfach weitergehen. Ich habe meine Gefühle Helga mitgeteilt. Sie war zunächst zurückhaltend. Ich dachte mir, daß ihre Zurückhaltung bestimmt auf die Einzelsitzung zurückzuführen ist, die sie bei Ihnen hatte und daß Sie Helga in dem Sinne beeinflußt haben, sich nicht mehr viel um mich zu kümmern. Deshalb wurde ich besonders aktiv. Um Ihren Einfluß wieder ausbügeln zu können, habe ich mich ihr weitgehend erklärt. Da bin ich wohl zu schnell vorgegangen.

JR: Was haben Sie denn mit ihr besprochen?

Gert: Was Sie mir in meiner Sitzung gesagt haben. Zum Beispiel, daß ich die Beziehung zeitlich suspendieren soll. Daß ich dazu aber nicht imstande sei. Eine menschliche Beziehung wie eine Schublade zuzumachen und nach zwei Monaten wieder zu öffnen, das geht doch nicht. Ich fragte sie auch, ob sie denn imstande wäre, so lange zu warten, bis ich meine Prüfung geschafft habe. Sie winkte ab und meinte, sie würde sich dann eben jemand anderen suchen. Das ist alles sehr unerfreulich. Gestern hat sie wieder von ihrem Harald erzählt und auch mit Heidi viel getuschelt. Das sind schlechte Zeichen. Wahrscheinlich habe ich sie durch mein forsches Vorgehen verletzt.

JR: Sie müssen vor allem wissen, daß die Helga kein einfacher Mensch ist. Wenn Sie sich um Helga intensiv bemühen, kommen Sie bestimmt in emotionale Wechselbäder. Ob das für Sie der beste Start ins Liebesleben wäre, ist zumindest fraglich. Andere Frauen sind doch etwas unkomplizierter. Machen Sie nicht so viele Umschweife mit ihr. Nehmen Sie sie als Kameradin und nicht für die Liebeswerbung. Ihr Quantum an Festigkeit ist noch nicht so groß, und es wäre besser, wenn Sie sich einen stabileren Menschen für Ihre Liebeswerbung suchen. Aber meine Anregung ist kein absoluter Ratschluß. Wenn Sie unbedingt möchten und Helga darauf eingeht, dann versuchen Sie es nur. Im Leben darf man alles probieren, nur dürfen die anderen dadurch nicht zu Schaden kommen.

Gert: Ich dachte, daß Sie prinzipiell gegen eine Beziehung mit Helga eingestellt sind. Das hat mich nur angespornt.

JR: Sie müssen bei allen Aktivitäten, die Sie in dieser Richtung unternehmen, auch Ihre Gemütsverfassung berücksichtigen. Jeder Schritt nach vorn wird von Unruhe gekennzeichnet sein. Sobald Sie sich in eine Beziehung einlassen, werden Sie sich am darauffolgenden Tag fragen: Warum schaut sie nur so? Was hat sie nur? Kann sie mich nun akzeptieren oder nicht? Und so weiter. Aber können Sie bei alledem noch studieren? Schauen Sie auch in ein Buch hinein?

Gert: Gestern war es schwierig; dafür ging es am Donnerstag ganz gut. Aber ich wollte noch etwas anderes ansprechen. Ich muß sehr viel an Sie denken: ich baue Sie in meine taktischen Überlegungen ein. Ich finde das sehr schlecht.

JR: Wen bauen Sie ein?

Gert: Sie.

JR: Mich?

Gert: Ja. Sie haben ja zu allen Gruppenmitgliedern Kontakt. Deswegen finde ich den Aufbau einer Beziehung in der Gruppe auch besonders schwierig.

JR: Warum?

Gert: Ich weiß, daß sich die einzelnen immer wieder mit Ihnen aussprechen und daß sich dadurch Veränderungen in der Konstellation der Beziehungen ergeben können. Ich habe es einfach nicht mehr in der Hand. Immer wieder können dadurch unerwartete Überraschungen auftreten. Und das verunsichert mich sehr. So hatte ich zum Beispiel das Gefühl, daß Helga deswegen mir gegenüber so zurückhaltend ist, weil sie von Ihnen beeinflußt wurde. Und diesen Einfluß wollte ich durch vermehrte Anstrengung wieder ausgleichen.

JR: Wir haben überhaupt kein Wort über Sie gesprochen! Immer Mißtrauen! Furchtbares Mißtrauen! Über Sie fiel überhaupt kein Wort! Wann werden Sie lernen, ungezwungen und ohne Mißtrauen mit Menschen zusammen zu sein? Mißtrauen gehört mit zu Ihren Problemen!

Gert: Das stimmt.

JR: Und meine Worte, daß die Helga wohl besser als Kameradin für Sie in Betracht kommt, bedeuten auch nicht, daß Sie die Beziehung zu ihr abbrechen sollen.

Gert: Die Situation ist im Augenblick schwierig für mich. Ich habe ja keine feste Beziehung, Deswegen muß ich mich ständig vor Menschen wie zum Beispiel Gaby schützen, die das sofort ausnutzen und regelrecht nach mir greifen. Zu ihr kann ich keine kameradschaftliche Beziehung aufbauen. Sie würde sich ja von mir ständig düpiert fühlen. Gestern saßen wir in kleiner Runde bei Gaby zusammen, und Irene sprach davon, daß Frauen den Männern viel zu oft auf den Leim gehen und sich von ihnen verführen lassen. Ich empfand das sofort als Anspielung auf mich. Wie soll ich mich nur solchen Frauen gegenüber kameradschaftlich verhalten, ohne daß sie glauben, ich wolle mehr? Anderseits vertreten Sie aber immer die Meinung, daß man anderen Gruppenmitgliedern mit Zuwendung, Aufmerksamkeit und Achtung begegnen soll. Ich habe das Gefühl, daß ich das nie schaffen werde.

JR: Aber Gaby und Irene kommen für Sie ja nur als kameradschaftliche Beziehung in Betracht. Sie haben Ihnen gegenüber bestimmt keine besonderen Absichten.

Gert: Das kann sein. Aber beide zeigen mir gegenüber so seltsame Reaktionen.

JR: Welche denn?

Gert. Die Gaby reagiert jedenfalls immer etwas sauer, wenn ich mich jemand anderem zuwende.

JR: Und die Irene?

Gert: Als ich neulich bei ihr war, sagte sie, daß sie immer so allein sei und daß sich keiner um sie kümmern würde. Ich finde das alles sehr schwierig.

JR: Sie haben es schwer, die Menschen so zu nehmen, wie sie sind. Jedes Wort löst bei Ihnen ein Alarmsignal aus.

Gert: Ich möchte mich auf jeden Fall jedem gegenüber kameradschaftlich verhalten. Aber wenn die das falsch auslegen?

JR: Die fassen das nicht falsch auf. Ich sehe jedenfalls nicht, daß die Irene Interesse an Ihnen als Mann hat. Oder haben Sie etwas anderes gesehen?

Gert: Ich kann das an ihrer Kleidung ablesen. Warum zieht sie sich neuerdings nur so an?

JR. Wie denn?

Gert: Besonders modisch.

JR: Seit sie bei uns in der Gruppe ist, geht es ihr etwas besser. Sie hat Freude an sich gefunden und zieht sich deswegen besser an.

Gert Und das hat nichts mit mir zu tun?

JR: Nein. Sie schaut überhaupt alles etwas lieber an. Es geht ihr offenbar ganz gut. Sie pflegt sich und achtet auch auf die Kleidung. Das hat nicht unbedingt etwas mit Ihnen zu tun.

Gert: Neulich erwähnte die Gaby in einem Gespräch, daß man zu seiner Wahl stehen müsse. Ich fühlte mich sofort angesprochen. Wahrscheinlich meint sie - dachte ich -, daß ich mich nicht für eine bestimmte Frau entscheiden kann. Kontakte sind eben für mich sehr schwierig. Ich meine, mich würde eine tatsächliche Liebesbeziehung eher entlasten. Ich könnte mich dann in kameradschaftlichen Beziehungen freier bewegen.

JR: Das heißt, wenn Sie mit Helga eine Beziehung hätten?

Gert: Ja.

JR: Ich bin nicht sicher. Ihr Hauptproblem ist Ihre Kombinatorik. Zuviel Tüftelei. Die Irene redet zum Beispiel etwas von Verführung, und Sie beziehen das sofort auf sich. Sie müssen sich damit vertraut machen, daß die Menschen auch einmal etwas ohne Bezug auf Sie reden. Sie sind kein Verführer, kein Vergewaltiger. Sie sind eher der gute Kamerad, und Sie haben sich auch korrekt verhalten. Oder wenn die Gaby sagt, daß man zu seiner Wahl stehen muß, dann wird das bei Ihnen zur fixen Idee. Vorderhand haben Sie doch noch niemanden gewählt. Es geht Sie also auch nichts an. Welche Unruhe in Ihnen steckt! Der Angstzustand ist sehr groß. Immer hören Sie etwas, was unbedingt auf Sie gemünzt sein soll.

Gert: Ja.

JR: Aber wenn die Irene sich so gekonnt anzieht, dann macht sie es deswegen, weil es ihr nicht mehr so schlecht geht.

Gert: Aber in der Gruppe sind doch vornehmlich Menschen, die auf solch eine Kleidung gar keinen Wert legen. Sie müßte also in unserem Rahmen eine Kleidung wählen, die üblich ist.

JR: Wir haben einige Frauen bei uns, die sich sehr hübsch anziehen. Und die Irene gehört auch dazu. Aber daß sie Sie deswegen umgarnen will, glaube ich nicht. Auch die Gaby ist nicht so.

JR: Das schlägt jedenfalls alles große Wellen bei Ihnen. Und da wollen Sie ruhig in die Prüfung gehen? Stellen Sie sich vor, der Vorsitzende sagt irgendein Wort zu Ihnen.

Gert: Nein, das geht ganz gut. Wenn ich einem Menschen zum ersten Mal begegne, habe ich zunächst einmal Vertrauen zu ihm. Erst beim zweiten oder dritten Mal wird die Sache schwierig. Ich weiß dann, daß die anderen bestimmte Eindrücke von mir haben. Vorher müssen sie mich akzeptieren, wie man eben jeden Unbekannten akzeptiert, und deshalb ist die erste zwischenmenschliche Kontaktnahme für mich kein Problem. Beim Referendarexamen ging es auch gut.

JR. Aber dann bei der zweiten Sitzung und bei der dritten...

Gert: Dann geht es los.

JR: Man findet eben immer etwas, wenn man nur genügend sucht. Irgendeinen Anhaltspunkt für Mißtrauen kann man immer finden. Warum hat der mich so begrüßt und der so? Warum hat der zuerst den anderen und dann mich angeguckt? Es ist halt immer irgend etwas, das man sich zurechtdeuten kann. Das raubt Ihnen jede Unbefangenheit. Da kann man nicht mehr logisch denken oder ruhig arbeiten, wenn man solche Gedanken wälzt.

Gert: Ja.

JR: Eine blühende Phantasie haben Sie, und zwar immer pessimistisch gefärbt. Es scheint so, daß Sie sich in Ihrer Entwicklung auf Distanz zu den Menschen eingerichtet haben. Aber um wirklich leben zu können, brauchen Sie Nähe. Und jedesmal, wenn Nähe aufkommt, stellt sich bei Ihnen viel Angst ein, und die erzeugt den Rückzug. Darum habe ich gemeint, Sie sollten mit Helga eine nicht zu nahe Beziehung aufbauen. Es ist im Augenblick eine zu große Belastung für Sie. Im Moment ist Ihr Denken und Fühlen auf Abstand eingerichtet.

Gert: Es ist nur sehr schwierig, da herauszukommen. Ich konzentriere mich sehr darauf, und dann geht es immer wieder schief.

JR: Sie müssen wirklich anfangen, zu Ihren Denkvorgängen Distanz einzunehmen. Was Sie alles kombinieren! Es hört sich beinahe an, als ob eine ganze Welt gegen Sie angetreten ist. In Wirklichkeit sind die Menschen viel harmloser. In der Gruppe können Sie Ihr Menschenbild gut korrigieren. Sie haben in der Kindheit einen Standpunkt erworben, der nichts in der Welt bedeutungslos sein lassen kann. Ihre Meinung ist: Alles um mich herum ist auf mich bezogen.

Gert: Vielleicht wollte ich es in der Kindheit nicht wahrhaben, daß nicht ich, das jüngste Kind, sondern mein Bruder im Mittelpunkt der Familie stand. Ich bin dann darangegangen, mir eine Mittelpunktstellung zurecht zu phantasieren. Kann das sein?

JR: Jawohl, das kann sehr gut sein. Denn hinter Ihren phantastischen Gedanken steht ein Mittelpunktanspruch. Sie glauben, der Mittelpunkt der Welt zu sein, aber Sie sind es nicht.

Gert (lachend): Leider bin ich's nicht.

JR (lacht ebenfalls): Ich bin's auch nicht. Aber je mehr Sie sich dessen bewußt sind, um so mehr wird eine Riesenlast von Ihnen abfallen. Denn die Aufrechterhaltung solch eines Systems ist eine Riesenanstrengung. Jeden Augenblick müssen Sie sich absichern.

Gert: Genau.

JR: So kommen Sie nie zum wirklichen Leben. Wissen Sie, daß der Hase nie richtig schläft? Meistens hat er offene Augen. Er kann sich nie richtig ausruhen. So muß man sich auch Ihre Grundhaltung vorstellen.

Gert: Das kann ich gut nachvollziehen.

JR: Und dann müssen Sie ja noch in Kürze Ihr Staatsexamen absolvieren. Aber beides ist einfach zuviel. Das Staatsexamen und Ihre fixen Ideen: das läßt sich nicht unter einen Hut bringen. Eines sollten Sie also ausschalten.

Gert: Aber dann müßte ich aus der Gruppe hinausgehen.

JR: Nein, das würde Ihnen nicht helfen. Auch wenn Sie sich außerhalb der Gruppe bewegen, werden Sie mit Menschen zusammenkommen. Die Heilung Ihrer Problematik kann nur in der Gruppe erfolgen. Mit einem Rückzug aus der Gruppe wäre nichts gewonnen. Sie würden nur weiterhin mißtrauisch und distanziert bleiben. Lassen Sie sich also von mir und den Gruppenmitgliedern korrigieren. Wenn dieser Spuk erst einmal beseitigt ist, werden Sie auch viel leichter arbeiten und lernen können.

Durch die Kombination von Einzel- und Gruppentherapie konnte ich etwaige Fehlschlüsse wegen der Kontakte in der Gruppe oder außerhalb ständig aufarbeiten. Ich brauchte beim Zusammentreffen mit anderen Menschen nicht mehr so auf der Hut zu sein und gewann an Lockerheit. Ganz allmählich gelang es mir, mein Misstrauen und die Kombinatorik einzudämmen und intensivere Beziehungen aufzubauen. Im Januar 1970 schrieb ich die für das zweite Staatsexamen notwendigen Prüfungsklausuren. Da sie wie die Hausarbeit nur mäßige Noten brachten, war das Ergebnis der mündlichen Prüfung für das Bestehen des Examens ausschlaggebend. Die Gruppenmitglieder waren über meine Situation informiert. Sie sprachen viel mit mir, simulierten Prüfungsgespräche und halfen mir über resignatorische Stimmungen hinweg. Im April 1970 bestand ich die mündliche Prüfung mit Erfolg und damit das zweite juristische Staatsexamen.

Durch diesen Erfolg ermutigt, bat ich meinen Doktorvater, meine nun schon fast zwei Jahre >auf Eis< liegende Dissertation zu bewerten und das Promotionsverfahren zum Abschluss zu bringen. Es stellte sich heraus, dass er die Durchsicht von

Mal zu Mal hinausschob. Es fiel mir schwer, mich von dieser Verzögerungstaktik nicht entmutigen zu lassen und ihn weiter regelmäßig an die Begutachtung zu erinnern.

Berufstätigkeit

Meine Bemühungen, eine Anstellung als Jurist zu finden, waren dagegen erfolgreicher. Im September 1970 konnte ich eine Tätigkeit in einer Berliner Anwaltskanzlei aufnehmen. Als Schüler hatte ich von der Arbeit meines Großvaters als Rechtsanwalt so viel mitbekommen, dass es in seiner Kanzlei jedenfalls sehr seriös zuging. In dieser Hinsicht gefiel mir mein neuer Arbeitgeber nicht. Mit gewissen Tricks brachte er seine Großkunden dazu, ihm möglichst viele Mandate zu überlassen. Ich war deshalb froh, dass ich ein Jahr später den Arbeitsplatz wechseln konnte. Die Bundesversicherungsanstalt für Angestellte hatte ihre Organisation modernisiert und suchte Volljuristen für neu gebildete Dezernate. Als Jurist hatte ich dort die Aufgabe, sämtliche Bescheide des Dezernats an die Versicherten zu überprüfen und zu unterzeichnen. Das brachte für mich eine enorme berufliche Belastung mit sich. Sie äußerte sich zunehmend in Schlafstörungen.

Zum Glück ergab sich nach drei Jahren für mich die Möglichkeit, innerhalb dieser staatlichen Behörde eine andere juristische Tätigkeit zu übernehmen, und zwar als Referent der Widerspruchsstelle. Um die Sozialgerichte zu entlasten und einfachere Fälle wenn möglich schon vorher abzuschließen, konnte gegen die Bescheide der Behörde ein Widerspruchsverfahren eingeleitet werden. Als Referent der Widerspruchsstelle hatte ich die Aufgabe, Sitzungen vorzubereiten und durchzuführen mit einem Vertreter der Arbeitgeber, einem Vertreter der Arbeitnehmerseite und - wenn er es wünschte - dem jeweiligen Widerspruchsführer. Um den Widerspruchsführern entgegenzukommen, fanden derartige Sitzungen nicht nur in Berlin, sondern auch in Städten zunächst der westlichen Bundesländer und - nach der Wende - ebenfalls in den Städten der dortigen Bundesländer statt. Diese Tätigkeit lag mir so gut, dass ich sie bis zu meiner Pensionierung ausgeführt habe.

Kontakte

In der Gruppe ergaben sich nach und nach freundschaftliche Beziehungen. Ich konnte allmählich Nähe angenehm erleben und fand bei diesen Menschen, die ich ja nun in ihrem Denken und Fühlen kennengelernt hatte, keinen Anlass mehr für Misstrauen und Kombinatorik. Damit fielen auch Barrieren in Bezug auf das andere Geschlecht weg. Es kam bald zu einer Beziehung, in der ich Zärtlichkeit und Sexualität erleben konnte. Jedoch kam aus Gründen, die ich hier nicht nennen will, eine dauerhafte Partnerschaft nicht infrage. Deshalb hielt ich bald Ausschau nach einer Partnerin, mit der ich in der Zukunft zusammenleben wollte. Dabei wurde ich aufmerksam auf Gisela, die in den Gesprächen durch ein besonderes Einfühlungsvermögen auffiel und beliebt war, weil sie sich anderen so gut zuwenden konnte. Wegen ihrer Fähigkeiten auf psychologischem Gebiet hatte sie sich entschlossen, ihre Tätigkeit als Apothekerin in der Literaturdokumentation bei der Firma Schering auf halbtags zu reduzieren und Psychologie zu studieren. Auch JR hatte sie ermuntert, Psychotherapeutin zu werden.

Manchmal habe ich gedacht, ob bei meiner Wahl Giselas nicht eventuell die Erinnerung an meine sehr liebe Kinderfrau, die auch rundlich und nicht so groß wie die übrigen Verwandten war, eine Rolle gespielt hat. Kann es sein, dass man sich als Kind angesichts einer schlanken mittelgroßen, relativ kühlen Mutter und einer rundlichen kleineren, sehr zuwendungsfreudigen Kinderfrau fest vornimmt, später bei der Partnerwahl den Typ der letzteren zu bevorzugen? Ich kann mich erinnern, dass ich bei meinen wenigen Tanzvergnügen, wenn es darum ging, "Damen" aufzufordern, nicht die großen "Damen", sondern eher kleinere aufgefordert habe.

Gisela war nach mehreren Liebesbeziehungen, die aus verschiedenen Gründen zu Ende gegangen waren, auch auf der Suche nach einem dauerhaften Partner. So dauerte es nicht lange, bis sie sich auf meine Werbung einließ. Gisela wohnte damals in einer geschmackvoll eingerichteten Einzimmerwohung, während ich in einem relativ spartanischen möblierten Zimmer hauste. Für zwei Personen war Giselas Wohnung allerdings zu eng. Deshalb suchten und fanden wir eine Drei-Zimmer-Wohnung, als klar war, dass wir zusammenbleiben würden.

Für uns beide war die Mitarbeit im Arbeitskreis für Tiefenpsychologie, Gruppendynamik und Gruppentherapie, der von JR geleitet wurde, zentral. Schon die geschilderten Großgruppensitzungen hinterließen tiefe Eindrücke und waren oft Gegenstand anschließender Gespräche mit anderen Teilnehmern und natürlich auch mit dem Partner.

Während Gisela dabei auf ihrem Weg in eine neue berufliche Tätigkeit Erfahrungen sammelte, war für mich bald klar, dass eine Tätigkeit als Psychotherapeut für mich nicht infrage kam. Wenn ich in meiner juristischen Tätigkeit Belastungen ausgesetzt war, was vor allem in den ersten Jahren vorkam, litt ich immer wieder unter Schlafstörungen. Ich hegte daher die wohl berechtigte Befürchtung, dass ich bei einer Tätigkeit als Therapeut, der ständig mit den Problemen seiner Analysanden konfrontiert ist, mit verstärkten Schlafstörungen zu rechnen hätte. Im Übrigen schien uns beiden die Kombination von mir als Beamten und Gisela als freiberuflicher Therapeutin ideal. Das hieß für mich aber keineswegs, dass ich nun mit weniger Interesse an Psychologie und Psychotherapie bei der Sache gewesen wäre. Im Gegenteil, wenn ich danach gefragt werde, fällt mir immer der Eiskunstlauf ein. Dort gibt es eine Pflicht und eine Kür. Bei der Pflicht handelt es sich um vorgeschriebene Figuren, während der Eisläufer in der Kür seinen Einfallsreichtum, eben seine Kunst, entfalten kann. Für mich war die Juristerei die Pflicht, mit der ich mein Brot verdiente, und die Mitarbeit im Arbeitskreis meine Kür, der mein geistiges Interesse und nach und nach auch die Mitwirkung bei psychologischen Schriften des Instituts galt.

Es entsprach dem Konzept dieser Gruppentherapie, nicht nur den Symptomen der Gruppenmitglieder Aufmerksamkeit zu widmen, sondern ihre Persönlichkeit möglichst breit zu entwickeln. JR hatte die Erfahrung gemacht, dass es nicht genügt, wenn in der Therapie lediglich persönlichen Probleme des Analysanden besprochen werden. Auch "vom Geist her" muss der Betreffende für seine Entwicklung zur Person neue Impulse und Anstöße erfahren. Denn der Stillstand im Werdensprozess des Betreffenden hat immer auch geistige, insbesondere weltanschauliche Wurzeln: festsitzende fehlerhafte Ansichten über das Leben, die Mitmenschen ua..

Ohne Verstärkung der geistigen Funktion ist und bleibt der Mensch ein Opfer seiner Gewöhnungen. Nur wenn diese innere Führungsfunktion in Kraft tritt, entstehen Freiheitsgrade, die einer Umgewöhnung zugutekommen. (Rattner, mll 3/2006, S.17)

Das gelang zum einen durch das Zuhören und Sich-befassen mit den Problemen der anderen Gruppenmitglieder, aber auch durch die Teilnahme an den Theorie-Sitzungen, in denen es nicht nur um Psychologie und Psychotherapie ging, sondern auch um geisteswissenschaftliche Themen, also Politik, Philosophie und Religion. Hinzu kam, dass wir als Teilnehmer aufgefordert waren, uns durch eigene

Vorträge an diesem Schwerpunkt der Therapie zu beteiligen. So hielt ich Vorträge über Julian Huxleys Buch "Ich sehe den künftigen Menschen", über Michael Balints Fokus auf das Arzt-Patienten-Verhältnis u.a. Hinzu kam das Verfassen von Beiträgen für die Zeitschrift des Arbeitskreises und schließlich auch für Bücher über Psychologie und Psychotherapie, die unter Leitung von JR entstanden.

Diese Komponente der Therapie bei JR war für meine Entwicklung von großer Bedeutung. Die folgende Therapiesitzung aus den Anfängen meiner Therapie zeigt, wie wichtig eine Befreiung des Denkens für mich war. Viele der Themen in den Theoriestunden, vor allem weltanschauliche wie etwa „Marx und Nietzsche", hatten mich in eine völlig neue Welt geführt. Da JR klar, anschaulich und überzeugend reden konnte, hörte ich ihm mit Interesse und einer gewissen Faszination zu. Meine Haltung zum Weltgeschehen und Geistesleben war anfangs jedoch noch stark durch die Erziehung im konservativ-autoritären Elternhaus geprägt. In meinem Hinterkopf meldete sich daher einiges, was ich früher gehört und ungeprüft vorläufig übernommen hatte. Bei aller Sympathie für den engagierten Redner gab es daher auf diesem Gebiet zunächst eine gewisse Reserve.

JR: Was gibt es bei Ihnen?

Gert: Eigentlich fühle ich mich ganz gut. Am Wochenende hatte ich mich wieder mal etwas zurückgezogen, aber am Montag traf ich mit einigen Leuten zusammen. Wir haben ausführlich über die letzte Theoriestunde gesprochen.

JR: Wie haben Sie diesmal die Theoriesitzung vertragen? Haben Sie es milder gefunden, oder litten Sie wieder Qualen?

Gert: Mich verwundert es, dass Sie so viele Sitzungen für das Thema Religion ansetzen. Ich glaube nicht, dass sich jemand in dem Maße dafür interessiert.

JR: Für Religion? Waren denn mehrere in der Runde, die sich in Ihrem Sinne geäußert haben?

Gert: Nein, es wurden keine Stimmen laut. Nur mich selber wundert es. Für andere Themen haben Sie doch höchstens drei Sitzungen angesetzt. Für die Religionsthematik sind es nun schon fünf.

JR: Der Religion kommt eben als negativer Faktor in der Persönlichkeitsentwicklung große Bedeutung zu.

Gert: Ich habe mehr das Gefühl, dass die Theoriesitzungen eine starke ideologische Schulung sind. Mit Psychotherapie hat das doch wenig zu tun.

JR: Nein! Da gibt es noch einen kleinen Unterschied zu beachten. Bei uns kann jeder zu Wort kommen. Sowohl der Religiöse als auch der Atheist. Das ist für die

Bildung eines Menschen von größter Tragweite. Sie wurden dreißig Jahre lang sehr religiös beeinflusst. Wieviel Zeit haben Sie aber der Gegenposition gewidmet?

Gert: Eigentlich war meine religiöse Haltung nur äußerlich. Innerlich war ich ihr gegenüber ziemlich distanziert.

JR: Aber man hat Sie mit religiösen Inhalten vollgepfropft, man hat Ihnen die Religion suggestiv nahegelegt.

Gert: Bei den Katholiken spricht man zum Beispiel von der intellektuellen Konversion. Das heißt, dass man sich irgendwann einmal in vollem Bewusstsein mit der Welt auseinandersetzt und sich dann zum Glauben hinwendet. Das habe ich nie getan. Wie gesagt, ich habe die Religion nur äußerlich vollzogen. Innerlich habe ich mir meinen Teil gedacht.

JR: Sie übersehen dabei, dass die Religion schon in Ihnen war, bevor Sie zu denken vermochten. Jeder Gedankengang von Ihnen ist imprägniert von Religion. Sie sind ja ein sehr empfänglicher und sensibler Mensch. Und da Sie schon in frühester Kindheit mit der Religion in Berührung kamen, wird sie einen großen Eindruck auf Sie gemacht haben. Ich bin dafür, dass Sie nun auch einmal lernen, sich mit der atheistischen Position zu beschäftigen. Das ist der Sinn dieser Sitzungen. Jeder kann so gläubig bleiben, wie er will. Nur denken soll er lernen! Von Kindheit an bekommt man ein paar Gedanken eingehämmert, aber der Prozess des Denkens, diese mutige, kühne Suche nach neuen Horizonten, dieses Ins-Neuland-Aufbrechen, das erlebt man nicht. Es wäre also wichtig für Sie, wenn Sie in Gegensätzen denken lernen. Keine ideologische Indoktrination, sondern freie Gedankenwahl, das ist das Entscheidende.

Gert: Ich habe bei alledem nur den Eindruck, dass diese Art des Denkens vor allem links programmiert ist. Auch muss ich sagen, dass die Theoriediskussion sehr emotional und wenig sachlich abläuft. Sachliche Stellungnahmen kommen nur von Ihnen oder einigen wenigen, die sich mit der Materie schon beschäftigt haben. Eine sachliche Äußerung kam zum Beispiel von Reinhold. Er sagte, die Religion stellt zwar gute Postulate auf, sie nimmt dem Menschen aber gleichzeitig die Möglichkeit, sie zu verwirklichen, indem sie an die Stelle von mitmenschlichen Beziehungen die Beziehung zu Gott setzt. Und das ist ja eine reine Phantasiebeziehung. Das, meine ich, sollten wir näher untersuchen.

JR: Wie zum Beispiel?

Gert: Indem wir Material zusammentragen und nachlesen.

JR: Wir sollten überhaupt viel mehr über dieses Gebiet lesen. Zum Beispiel das Buch Das Elend des Christentums von J. Kahl. Es ist in historischer Hinsicht sehr interessant. Man kann ihm entnehmen, was die Gottgläubigen in der Geschichte alles angestellt haben. Wie sie gehaust haben, wie mörderisch sie sich benommen haben.

Gert: In diesem Buch steht auf der ersten Seite ein Zitat von Marx: „Die Kritik der Religion ist die Voraussetzung aller Kritik."

JR: Das ist die Meinung aller modernen Philosophen. Wenn wir diese Einstellung in unseren Diskussionen nicht berücksichtigen, wird unser Denken enorm statisch bleiben. Die absolute Freiheit des Denkens ist nur möglich, wenn man nicht im statischen Denken verhaftet bleibt. Wenn man im Denken flexibel ist, erlebt man auch keinen Schreck, wenn mal eine Gegenposition auftaucht. Ich meine, dass das bei Ihnen so ist.

Gert: Ich sehe das anders. Ich habe meinen Standpunkt in der religiösen Frage und möchte mich nicht von einer anderen Meinung beeinflussen lassen.

JR: Aber Ihr Standpunkt ist Ihnen in frühester Kindheit eingehämmert worden. Nun sind Sie angeschmiedet. Sie fliegen nicht in Ihren Gedanken. Sie sind vielmehr immer in Abwehr. Prüfen Sie lieber ganz unbefangen, was in der Theoriesitzung vorgetragen wird. Sie werden unter anderem dabei feststellen, dass die Religiösen sehr hitzig debattieren. Zum Überlegen und Nachdenken sind sie kaum geeignet. Das Denken ist eine ernste, mutige Arbeit. Und dann gehört auch das Informationensammeln dazu. Meistens gingen Sie doch mit Hemmungen und Angst durch die Welt. Wissen Sie, dass Sie das an der Informationssammlung sehr gehindert hat? Ihre Gedanken waren doch weniger darauf ausgerichtet, Philosophie und Sozialkritik zu lernen. Sie waren doch ständig damit beschäftigt, Ihr Berufsziel zu erreichen und mit den Menschen halbwegs auszukommen.

Gert: Das stimmt schon. Ich habe aber auch Schwierigkeiten, den Inhalt eines Buches zu behalten. Ich lese zwar, aber dann vergesse ich auch wieder sehr schnell.

JR: Weil Sie so wenig Mut zum Denken haben. Die persönliche Hemmung, die Angst vor dem Leben und der ständige Autoritätsdruck, unter dem Sie gestanden haben, nehmen Ihnen den Mut, der zum freien Denken benötigt wird.

Gert: Ich kann Ihnen wieder nur zustimmen. Trotzdem habe ich bei alledem das Gefühl, dass es Ihnen bei den Theoriesitzungen mehr darum geht, einen Kader als Grundstock für irgendeinen Sozialismus zu schaffen. Die Therapie steht dann erst an zweiter Stelle.

JR: Nein, das ist nicht so. Es ist mir ernste therapeutische Arbeit. Sie sollen geistig frei werden, und zwar zu Ihrem Weg, nicht zu meinem. Bisher sind Sie noch keinen Weg gegangen. Die Therapie spielt sich nicht nur darin ab, dass wir hier über Sexualität, die Beziehung zu Frauen und über allgemeine Kontaktaufnahme sprechen. Das ist zu wenig. Sie sollen ein freier Mensch werden, der alle Standpunkte kennt und dann wählen kann. Den Standpunkt des Marxismus müssen Sie genauso gut kennen wie den der Atheisten. Sie sind vielleicht weniger religiös als andere, aber in Ihrem Denken liegt doch viel Übernommenes und Ungeprüftes. Außerdem würde ich Ihnen raten, mehr zu lesen. Da gibt es ein Buch von einem gewissen Karl Heinz Deschner. Es ist ein Bekannter von mir. Es heißt Abermals krähte der Hahn. Der Autor sammelte mit Akribie, was die Kirche in der Geschichte alles angestellt hat. Das Buch hat 600 Seiten. Davon sind 100 Seiten Literaturhinweise. Er ist ein militanter Gegner der Kirche, aber er ist allgemein anerkannt.

Gert: Sie betonen immer die negativen Aspekte der Religion. Ich denke, dass die Kirche auch sehr viel Positives getan hat. Das ist doch nicht einfach wegzuwischen.

JR: Informieren Sie sich nur richtig. Denken Sie nur an die unendliche Zahl der Hexenprozesse. Millionen Frauen wurden von der Kirche ermordet. Die Inquisitoren haben es sicher auch gut gemeint, die konnten nichts dafür. Sie waren einfach krank. Sie sahen in jeder zweiten Frau eine Hexe. Wenn sie schön war, wenn sie alt war, wenn in ihrer Nähe Menschen krank wurden, wenn die Ernte verdorben war oder wenn sie von anderen Gefolterten angezeigt wurde. Meistens haben ja die Gefolterten in ihrem Schmerz irgendjemanden genannt, der dann auch entsprechend behandelt wurde. Wie kommt es aber zu solch einer Krankheit? Wie Sie wissen, ist die Kirche eine Mönchskirche. Und Mönche müssen ihre Triebe unterdrücken, und daraus kann unter anderem Hass auf die Frauen entstehen. In jeder Religion können Sie das beobachten. Wenn sich das Dogma erst einmal festsetzt, geht der Mensch zugrunde.

Gert: Das stimmt schon.

JR: Wir müssen eben alle geistig regsamer werden. Man sagt gewöhnlich, dass in der Pubertät im jungen Menschen eine Art philosophische Leidenschaft entsteht. Das gibt es manchmal, dass jemand mit fünfzehn oder achtzehn Jahren ein kleiner Philosoph ist. Die Betreffenden suchen und philosophieren dann noch ganz kindlich. Sie wissen ja noch nicht viel. Aber aus einer inneren Gärung heraus versuchen sie, ihre Gedanken zu formulieren. Haben Sie diese Art von Pubertät mitgemacht?

Gert: Nein.

JR: Und wissen Sie auch, warum? Sie waren zu geängstigt, zu brav. Sie haben jetzt die Chance, das nachzuholen. In der Pubertät verliert sich das Philosophieren meist wieder, weil der junge Mensch keine Führung bekommt. Nach zwei, drei Jahren merkt er, dass er nicht genug versteht, und gibt es wieder auf. Wenn er aber

Führung bekommt, bleibt er auf dieser Spur, und sein ganzes Leben wird zum Denkprozess. Er gibt das Denken nie wieder auf und hat immer das Gefühl, zu neuen Horizonten zu schreiten. Immer gibt es für ihn Neuland, und die Pubertät, das heißt die Entwicklungsjahre hören nicht mehr auf.

Gert: Ich kann mich erinnern, dass ich mich in einer bestimmten Zeit mehr für Philosophie und Geschichte interessiert habe. Wir hatten damals einen guten Deutschlehrer. Der schrieb mit uns sogenannte Besinnungsaufsätze. Themen waren zum Beispiel: Natur, Kultur, Arbeitsteilung, historische Entwicklung und so weiter. Im Rahmen dieser Themen habe ich auch einiges gelesen. Ich hielt mich aber eher an christliches Material, zum Beispiel Herders Bildungsbuch oder ähnliches. Vor einiger Zeit bin ich auf Camus gestoßen: Der Mythos von Sisyphos. Es war sehr schwierig. Ich habe dann nach Büchern gegriffen, die sich wiederum mit Camus auseinandersetzen oder auch mit anderen Philosophen. Solche Bücher sind aber immer weltanschaulich geprägt, und da greife ich eher nach den christlich-orientierten.

JR: Bei Ihnen verbindet sich tatsächlich zweierlei. Sie sind ja im tiefsten Innern ein sehr ängstlicher Mensch, und zwar besonders dann, wenn Sie expandieren sollen. Damit hatten wir in den letzten Monaten ja genügend zu ringen. Und demjenigen, der Angst vor der Expansion hat, dem ist es am gemütlichsten, wenn alles so bleibt, wie es ist. Man hat dann am wenigsten Lebensangst. Dann muss natürlich auch Ihre konservative Erziehung berücksichtigt werden. Damit Sie eine wirklich freie, unbefangene Persönlichkeit werden, dürfen wir also nicht nur Ihre Angst behandeln, wir müssen uns auch mit Ihrem Konservatismus beschäftigen. Nicht, um Sie zu einer neuen Partei zu führen, sondern um Sie im Denken souverän zu machen. Sie sollen Freude an der Bewegung des Denkens bekommen, Freude am Disput – das schwebt mir vor!

Gert: Zu Hause wurde immer behauptet, dass ich bequem und denkfaul sei.

JR: Das ist eine sehr moralisierende Bezeichnung, die wir nicht akzeptieren können.

Gert: Manchmal stoße ich auch auf Bücher, die mich wirklich interessieren. Ich fange mit dem Lesen an, doch dann kommt irgendetwas dazwischen, und die Bücher liegen monatelang herum.

JR: Man hat Ihnen in der Kindheit die Flügel gestutzt. Nun müssen sie erst wieder wachsen. Durch die Drosselung Ihrer Gesamtpersönlichkeit haben Sie den Großteil Ihrer Kraft dazu verwenden müssen, mit den Menschen halbwegs auszukommen. Auch heute ist das noch ein Problem. Da Sie so gehemmt und gedrosselt wurden, bleibt nicht mehr viel für die weltanschauliche Auseinandersetzung übrig.

So etwas braucht sehr viel Mut und Kühnheit. Wenn man die Frage stellt, ob die Religion nicht ein Phantom ist, bekommen viele Menschen sofort Angst. Vielleicht ist die Religion tatsächlich nur Aberglaube und Kindermärchen. Fangen Sie nur an, das was in der Pubertät versäumt wurde, bei uns nachzuholen. Die Psychotherapie hat die Aufgabe, den Menschen in den Vollbesitz seiner Kräfte zu bringen. Man soll wirklich autonom in sich ruhen und eine zur Konfrontation fähige Persönlichkeit werden. Wenn wir das erreichen wollen, bleiben uns aber die weltanschaulichen Auseinandersetzungen nicht erspart. Lernen Sie, Freude daran zu haben. Es ist ein großes Glücksgefühl, zu neuen Horizonten aufzubrechen und alte Vorurteile abzulegen. Descartes hat den radikalen Zweifel in die Philosophie eingeführt. Der radikale Zweifel soll der Erkenntnis vorangehen. Diesen Mut, den sollten Sie sich erarbeiten.

Gert: Dann werde ich mich mal ans Lesen machen.

JR: Ja. Und nicht erschrecken, wenn man mal auf eine Gegenmeinung stößt. Man muss auch davor Respekt haben, dass andere Menschen anders denken als wir. Und stellen Sie sich darauf ein, in Ihrem Leben weiterzumarschieren und das Leben nicht als Status quo, sondern als Abenteuer zu erleben. Können Sie sich das vorstellen?

Gert: Bis jetzt noch nicht.

JR: Gleichwohl. Probieren Sie es nur.

Weltanschauliche Umorientierung

Diese Sitzung wirkte sehr in mir nach. Ich nahm den Appell des Therapeuten sehr ernst und las Bücher, die sich kritisch mit der christlichen Weltanschauung auseinandersetzten, z. B, „Das Elend des Christentums“ von J. Kahl, „Die Kapitulation“ von C. Améry, „Die Zukunft des Unglaubens“ von G. Szczesny und den Briefwechsel zwischen F. Heer und G. Szczesny. Durch die Besprechung einer Diplomarbeit im Arbeitskreis erfuhr ich von der Religionskritik Feuerbachs. Sein Gedanke, dass Gott eine Projektion des hilflosen, kleinmütigen Menschen darstellt, weil Gott all die Eigenschaften in höchster Vollendung in sich vereinigt – allmächtig, allwissend und allgütig –, die der Mensch schmerzlich bei sich vermisst, prägte sich tief bei mir ein. Rückschauend auf mein persönliches Leben nahm ich der Kirche immer mehr übel, dass sie mich durch das Verbot der Onanie als Todsünde grundlos für viele Jahre in einen Strudel von Selbstvorwürfen und Verzweiflung hineingezogen hatte, der meiner Persönlichkeitsentwicklung schweren Schaden zugefügt hatte. Parallel zu diesen Gedanken erlebte ich mit immer mehr innerer Beteiligung die vom zutiefst humanistischen Geist geprägte therapeutische Arbeit im Berliner Arbeitskreis. Gleichzeitig mit meinem Entschluss, an dieser Arbeit direkt am Menschen selbst mitzuwirken, fiel meine Entscheidung, sich von der Kirche und Religion, die den Mitmenschen nur als Weg zu Gott sieht, loszusagen. Es dauerte noch vier Jahre, bis ich aus der Kirche austrat.

Josef Rattner (JR) unterstützte die Gruppenmitglieder ganz besonders, wenn es darum ging, einen Abschluss in einem Studium zu erreichen oder einen akademischen Grad zu erwerben. Das erlebte auch ich bei meiner juristischen Promotion. Ich hatte nach dem Referendarexamen eine arbeitsrechtliche Dissertation geschrieben, aber einen Doktorvater ausgewählt, der anscheinend Arbeitsstörungen hatte. Denn er fand immer neue Ausflüchte, um die Bewertung der Arbeit und den Fortgang der Promotion hinauszuschieben. Als ich in die Therapie kam, waren schon zwei Jahre seit der Abgabe der Dissertation vergangen, ohne dass ich einen Schritt weitergekommen wäre. So war ich sehr entmutigt und hatte es quasi aufgegeben, die Promotion zum Abschluss zu bringen. Das kam für JR nicht infrage. In meiner Enttäuschung hatte ich einen Brief an den Dekan der juristischen Fakultät entworfen, in dem ich mich über den Doktorvater beschwerte. JR riet mir, den Brief nicht abzusenden, um mir nicht zu schaden. Er hielt es für klüger, den Professor alle paar Wochen an die Durchsicht der Dissertation zu erinnern. Ich folgte seinem Rat. Der Doktorvater bedankte sich jeweils für die Nachfrage, entschuldigte sich mit seiner vielen Arbeit und bat mich, nach zwei bis drei Wochen wieder nachzufragen. So ging das ca. 1 ½ Jahre, ohne dass wir weiterkamen.

Da - es nahte Weihnachten - kam JR auf eine unorthodoxe Idee, um dem ein Ende zu bereiten und die Sache voranzubringen. „Jetzt wollen wir dem einmal Schuldgefühle beibringen" sagte er und schlug mir vor, dem Doktorvater zum bevorstehenden Weihnachtsfest einen Präsentkorb mit Delikatessen zu schicken, „nicht zu teuer, aber auch nicht zu einfach. Mal sehen, ob er darauf reagiert." Gesagt, getan. Kurz nach Weihnachten rief der Doktorvater relativ aufgeregt bei mir an - bisher hatte nur ich bei ihm angerufen - und bat mich inständig, von solchen Geschenken Abstand zu nehmen. Zugleich stellte er mir in Aussicht, mir etwa nach einem halben Jahr einen Termin für ein Treffen geben zu können, bis zu dem er die Dissertation durchsehen wolle. Nach mehreren Verzögerungen und Verlegungen des Termins kam es tatsächlich zu dem Treffen. Er hatte die Dissertation durchgesehen und verlangte ein paar Ergänzungen. In der BfA gelang es mir, 4 Wochen Sonderurlaub zu erhalten, um die Arbeit entsprechend seinen Hinweisen fertigzustellen. So kam es zum Rigorosum an der Kölner Universität im Jahr 1977. Ich bestand die mündliche Doktorprüfung und erwarb auf diese Weise doch noch den juristischen Doktortitel. In der Großgruppe wurde das mit großem Jubel aufgenommen. Für viele, die inzwischen einen Abschluss im Fach Psychologie hatten, war das ein Ansporn, den Doktor im Fach Psychologie zu erwerben.

Bei meiner schriftlichen Mitarbeit im Arbeitskreis gab es einen gewissen Schönheitsfehler, weil ich als Autor keinen psychologischen Abschluss vorweisen konnte. Denn für einen psychologischen Artikel ist es nicht unbedingt eine Empfehlung, wenn im Autoren-Verzeichnis ein juristischer Titel steht. Das führte bei mir Anfang der 80er-Jahre zu dem Entschluss, auch noch im Fach Psychologie zu promovieren. Es war nur möglich, weil ich bei meinem Arbeitgeber eine Umstellung auf eine Teilzeit-Tätigkeit erreicht hatte. Die Promotionsordnung der Freien Universität war für solche Fälle relativ entgegenkommend, sodass ich mich voll auf die Dissertation konzentrieren konnte. JR hatte als Thema „Der Begriff der Sublimierung und seine Bedeutung für Erziehung und Psychotherapie" vorgeschlagen. Ich fand auch einen Doktorvater an der FU, der sich auf dieses Thema einließ.

Sublimierung ist ein Begriff, den S. Freud verwendet, um die von ihm angenommene Fähigkeit des Sexualtriebs, das ursprünglich sexuelle Ziel gegen ein anderes, nicht mehr sexuelles, sondern kulturell höher bewertetes Ziel wie etwa die

Betätigung in Wissenschaft und Kunst zu vertauschen. Über dieses Thema hatte ich verschiedene Gespräche in der Gruppe und das folgende Gespräch mit JR, das ich besonders interessant finde.

Gert: Ich habe noch drei Fragen, wobei mir vor allem die erste Frage wichtig ist. Ich ahne jetzt langsam die Kriterien der Sublimierung und habe etwas Mühe mit manchen Künstlern wie zum Beispiel Dostojewski. Ich finde, daß er nicht den Kriterien der Sublimierung entspricht. Solche Kriterien waren zum Beispiel der sozialisierte Leib, bei dem die prä-genitalen Tendenzen auf ein Maß reduziert sind, daß soziale und geistige Interessen möglich sind, also Hingabe an die Welt, Öffnung zur Welt, Affektfreiheit oder jedenfalls Reduktion von Affekten, eine Zunahme an guten Gefühlen, Empfänglichkeit für Werte, die dann zum Erwerb von Tugenden führt, weil nach dem Werterkennen das Tun kommt. Das Tun muß dauerhaft sein, eine feste Charakterhaltung werden. Das sind so ein paar Punkte, die ich betont habe in meiner Arbeit. Jetzt macht mir ein Künstler wie Dostojewski Mühe, der spielte, trank, dann aber immer wieder Höchstleistungen der Sublimierung vollbrachte. Er wird ja sehr bewundert, auch von Adler und Freud. Als Dichter ist er unumstritten. Er fällt aber immer wieder zurück in ein Suchtverhalten, das prägenital ist - er hat Begierdeziele. Aus einer Biografie über ihn habe ich entnommen, daß er das sogar brauchte. Seine Frau hatte Verständnis dafür, daß er Schulden machte und alles verspielte, weil er nur unter dem Druck dieser Schulden und Gefahr einer Vernichtung seiner Existenz zum Beispiel den Roman "Der Spieler" schreiben konnte. Da hat er dann höchste Sublimierungsleistungen vollbracht. Das paßt nun aber gar nicht zu der von mir erarbeiteten Vorstellung von Sublimierung, also Genitalität, das wären doch dauerhafte Haltungen. In einem früheren Gespräch hatten wir gesagt, daß man von jedem - prägenitalen - Stadium aus anfangen kann zu sublimieren. Genitalität ist also nicht Voraussetzung für die Sublimierung, auch der Orale oder Anale fängt irgendwann an zu sublimieren, aber das müßte doch schließlich zu einer festen Haltung werden. Dieses Hin und Her, zum Beispiel bei Dostojewski, das kann ich nicht einordnen. In Ihrem Artikel über Dostojewski haben Sie geschrieben, daß ihn die eigene Pathologie dazu befähigte, die Pathologie der Personen in seinen Romanen so genau darzustellen. Sie haben ihn also auch nicht als genitalen Menschen dargestellt, sondern als pathologisch angesehen. Ein anderer Künstler mit ähnlichen Tendenzen wäre auch Mozart. Soweit ich weiß, bediente sich Mozart der Analsprache, lebte in einem totalen Chaos, was seine häuslichen Umstände anging, ich glaube auch was Frauen anging, Finanzen - alles war durcheinander, nur in der Musik war Ordnung drin. Also da habe ich Schwierigkeiten, deshalb wollte ich Ihnen die Frage stellen.

JR: Genauer, was?

Gert: Wie kann man das miteinander verbinden, daß die Struktur des sublimierenden Menschen an sich eine dauerhafte Haltung verlangt - Tugenden, wenig Affekte, wenig prägenitale Ziele - daß das aber bei manchen Künstlern nicht zu finden ist. Obwohl sie große Sublimierungsleistungen erbringen, sind sie eigentlich in ihrem Leben prägenital in vieler Hinsicht. Es ist mir unerklärlich, wie das so herauf und herunter gehen kann, also sublimierungsfähig, dann wieder ganz herunter, prägenital, dann wieder ganz hoch, Sublimierung. Nach meiner Vorstellung handelt es sich doch um eine Charakterentwicklung, wie wir sie auch in der Therapie anstreben, daß man sich stetig dem Sublimierungsziel nähert.

JR: Wir stehen da vor Lebensstilen von Künstlern. Stile gibt es unendlich viele, jeder Mensch hat einen eigenen. Eine gewisse Gruppe oder bestimmte Zahl von Künstlern hat eine Stilart, über die wir nicht negativ urteilen dürfen. Es ist ein Befund, so ist diese Stilart. Ich würde den Stil so beschreiben, daß diese Künstler irgendwann in der Kindheit eingeübt haben: Absturz, es geht schlechter, es geht noch schlechter, es geht noch schlechter, dann haben sie irgendwann in der Kindheit erlebt, daß sie steil aus der Tiefe hinauf können durch geistige Arbeit. Irgendwann hat es sich eingeschlichen in der Kindheit, Tragik, Familiennot und Verzweiflung bis zum Selbstmord oder Überhaupt-nicht-mehr-weiter-Wissen. Und dann erleben sie als Kind, wenn ich mich jetzt geistig anstrenge und das Ganze durchschaue, plötzlich erheben sie sich zu einer großen Höhe. Sie wiederholen dann im Leben immer wieder diese Bewegung, die sich bei ihnen eingebürgert hat. Da können wir nicht mit Durchschnitts-Maßstäben kommen und sagen: es sollte nicht so sein. Das ist der Stil. Es gibt Menschen, die das so trainiert haben. Herunterfallen, heruntersteigen, alles durcheinanderbringen - das Soziale, Mitmenschliche geht dann nicht gut - Schulden-machen, Spielen, Verzweiflung, und dann völlige Verlorenheitsgefühle, jetzt Tod oder Leben, ich kann nicht mehr weiterleben! Und dann: und doch kann ich eine Brücke zu den Menschen schaffen durch mein Werk. Das ist ein Stil, den man respektieren muß. Der mittlere Mensch wird sagen, merkwürdig, Gott sei Dank ich bin nicht so. Na ja, aber ohne diese Riesen-Spannungen kommt auch nicht so ein Riesen-Werk zustande. Es ist einfach eine Art von Bewegungsform. Es sind Menschen, die vom mitmenschlichen Standpunkt aus schlecht abschneiden. Man könnte fast sagen, das ist doch Lumperei, charakterlos, und die Frau fast zugrunde richten. Ja, aber so ist es eben. Oder manche können nur schaffen unter dem Einfluß von Drogen, Alkohol etc. Herunter, herunter, herunter, und dann mit der Droge im Leib hat er sein Allmachtsgefühl und dann schafft er. Das ist auch ein Stil. Aber im Hinblick auf das gelingende Werk ist es doch eine Sublimierung; denn er könnte ja herumsumpfen und unten bleiben. Wenn er sich so hoch hinaufbewegt, daß er dann das ganze Menschenleben durchschauen kann, das ist doch eine grandiose Leistung. Das ist eine Kulturleistung. Der Klugheit Maßstab ist doch der Erfolg. Wenn dann nachher das Werk dasteht, das für Millionen Menschen das Leben verdeutlicht, klarer werden läßt, können wir doch nicht mehr von banalen Egoismen sprechen. Das ist eine Krankheit, ein Absacken, ein Herunterfallen, aber dann wieder ein Hochsteigen. Und die Endleistung zeigt, daß er nicht ein primitiv verschlossener Mensch war, sondern ein unglücklicher, ein verzweifelter, der dann doch den richtigen Weg geht - vorübergehend. Aber man darf nicht urteilen, denn so geht es uns allen. So ist eben der Mensch. Die Hauptsache ist dann, daß die Kultur nicht leer ausgeht. Das ist der Unterschied vom banalen Neurotiker zu diesen Neurotikern. Die Kultur ist ihnen dankbar. Man könnte sagen, schade, daß die armen großen Leute sich so quälen müssen. Es gibt ja auch Künstler, die das nicht nötig haben, so tief abzusacken, um dann hochzusteigen. Aber das ist oft in der Künstler-Mentalität. Sie haben meistens nur trainiert in Richtung auf die Leistung, einseitig, und haben oft das Soziale nicht trainiert. Man hat nie alles im Blickfeld, man ist immer nur Spezialist. So ein Künstler kann wunderbar schreiben, nachfühlen und erkennen, aber andere Dinge wie liebendes Miteinandersein, Vernunft oder Ausgewogenheit ist eben nicht da. Dann ist nur Teil-Sublimierung. Aber die Willenskraft in solchen Werken wie von Dostojewski muß gewaltig sein. Denken Sie, so ein Werk muß ja geplant sein, bis in alle Einzelheiten. Das sind hohe Qualitäten. Der Spannungsbogen, ein Jahr lang, oder zwei oder drei, ein Werk immer in der Höhe halten, nicht absacken in dieser Hinsicht, doch eine große Leistung. Da liegt schon das Respekt-Einflößende.

Günter (ein Gruppenmitglied): Es war ja, wie man aus Biographien weiß, ein permanenter Druck. Er hat ja immer für die Zeitschriften geschrieben. War dann eine Zeitschrift im Druck, dann mußte die nächste Folge geschrieben und abgegeben werden, und die letzte war dann noch gar nicht veröffentlicht. Mitunter hat er es gar nicht im Zusammenhang gesehen. Er stand ja unter ungeheurem Druck, immer zu einem bestimmten Termin die Fortsetzungen fertig zu haben.

JR: Das hat auch immer Kräfte mobilisiert. Manche Menschen holen ihre stärksten Kräfte heraus, wenn sie in tödlicher Bedrängnis sind. Nicht wahr, dann geht es ums Ganze, dann werden sie fiebrig, hektisch, unruhig - Adrenalin - der ganze Organismus ist dann in Aufruhr. Da kann er dann Dinge bringen, die sonst gar nicht gehen würden. Es sind eben geheimnisvolle Umstände nötig, um Menschen aufs äußerste anzuspannen, damit sie wirklich das Beste geben. Das geht oft nicht mit mittleren Gefühlslagen. Auch Goethe sagt ja, daß er alles, was ihn bedrängte und plagte, im Gedicht bewältigt hat. Indem er ein Gedicht schrieb, war es dann erledigt. Es genügt oft eine verborgene Bedrängnis. Zum Beispiel die Marienbader Elegie. Da hat er sich doch eine Abfuhr geholt. Er wollte dieses junge Mädchen heiraten, Ulrike von Levetzow, und die hat abgelehnt. Er war 73, 74, sie war 17. Da war er ganz verzweifelt, ganz aufgelöst. Er hat aber dann die Marienbader Elegie als Heilmittel geschrieben und war dann nachher leidlich kuriert. So ist bei Dostojewski auch oft ein Selbstheilungsprozeß, aber kein dauerhafter, weil es dann wieder abstürzt. Immer dieselbe Bewegung, der Stil bleibt gleich. Bei Rilke ist es auch so ähnlich. Als sie ihn psychoanalytisch behandeln lassen wollten, hat er gesagt, nein, wenn ich das tue, werde ich vielleicht nicht mehr die Werke schreiben. Das ist nicht ganz verkehrt. Er wäre glücklich und gelöst. Er hat sich immer aus der Trauer hinaufgehoben in die Kunst. Komm, jetzt machen wir ihn lustig, den Rilke, dann würde er nicht mehr ... Es wäre zu erwägen, was nützlicher ist. Es ist eine Gangart. Er hat seine eigene Methode. Jeder Künstler hat seine, die ist oft sehr kostspielig. Manchmal richtet sie ihn zugrunde - leider. Aber das ist sehr schwer, von außen einzuwirken. Wenn man so einen dann behandeln müßte, würde man vielleicht versuchen, die Bewegung nach unten abzuschwächen, denn es muß nicht unbedingt nötig sein, so tief herunter, um dann hoch hinauf. Das ist vielleicht ein Irrtum, den sich so einer zurechtlegt. Man könnte auch von gesünderen Voraussetzungen - denn die haben die Künste in sich - sich hoch hinaufschwingen. Da ist oft die Übertreibung drin. Solche Leute meinen dann, zuerst mich kaputtmachen, dann schaffen. Das muß nicht so sein. Aber das ist dann sehr schonend beizubringen.

Günter: Mitunter wird ja auch gesagt, jetzt auf den therapeutischen Prozeß bezogen, daß es gar nicht ungünstig ist, wenn der Therapeut gewisse Erfahrungen hat und viele Dinge schon durchgelebt hat. Wenn dann die Analysanden erzählen, dann hat er da auch eine Erfahrungsqualität, kann sich da auch leichter einfühlen. Vielleicht spielt das bei Schriftstellern auch eine Rolle, die dann solche Personen sehr anschaulich schildern können, weil sie es aus eigner Erfahrung kennen.

JR: Schon daß er schildert, ist doch die Kulturleistung. Es ist ja ein Mensch, der spricht, der sublimiert ja schon. Er könnte ja dumpf schweigen und leiden. Aber indem Dostojewski uns so viel erzählt - 20 Bände - das ist ein Zeichen, das er im Grunde doch ein sozialer Mensch war, trotz seiner Verrücktheit. Es ist ja alles transparent, er hat sich ja mitgeteilt. Das ist schon Sublimierung. Er hätte ja lallen oder schreien oder brüllen können. Aber nein, alles wohlgeordnete, helle und durchsichtige Sätze. Das ist eine große Kulturleistung. Sublimierung heißt, das Dunkel der Welt und der eigenen Person lichten. Im Grunde sind wir immer in Dunkelheit eingetaucht - wir wissen so wenig von der Welt und von uns. Wenn ein Dostojewski uns dann soviel Klarheit gibt über die Seele des Verbrechers und des Spielers und des Revolutionärs und des Frommen und aller möglichen Typen, hat er doch unerhört viel Helligkeit in die Welt gebracht. Das ist doch eine Leuchtkraft sondergleichen. Das ist Sublimierung. Wo Sublimierung ist, ist Helligkeit oder auch Wahrheit. Er hat ja Wahrheit erkundet. Dostojewski ist doch ein Wahrheitssucher, nicht überall, aber in den Werken schon.

Gert: Ich wollte ihn auch nicht irgendwie schmälern. Für mich war es nur ein logischer Widerspruch.

JR: Ja, ich verstehe schon. Aber es ist nun mal so, daß der Mensch ein Gemisch von Verrücktheit und Normalität ist. Wir haben da nichts zu urteilen. Wenn die Leistung dann die Kultur fördert, dann nennen wir das Sublimierung. Und wenn dann große Reste von Verrücktheit und Chaos sind - so ist es eben. Die Not lehrt denken. Wenn Dostojewski nicht so ein verrückter Kerl gewesen wäre, hätte er nicht so riesige geistige Anstrengungen machen müssen, um zu verstehen.

Gert: Vielleicht beantwortet das auch schon ein Stück weit meine zweite Frage. Es geht da um die Frage, ob mit der Sublimierung eine Überwindung verbunden ist. Sie hatten in einem der ersten Gespräche über Sublimierung gesagt, daß mit der Sublimierung kein Triebverzicht verbunden ist, und daß es doch relativ leicht fällt, wenn man statt 1,20 m jetzt 1,40m hoch springt. Da müsse man nicht auf die 1,20m verzichten. Wenn man höher springt, quasi einen höheren Wert verwirklicht, müsse man auf den niedrigeren Wert nicht verzichten. Ich hatte daraus geschlossen, daß das relativ leicht geht, weil es um eine Wertwahl geht. An einer anderen Stelle haben sie das so beschrieben, daß es um die Wahl der Werte geht. In Ihrem Manuskript über Sublimierung haben Sie dann doch gesagt, daß Selbstüberwindung notwendig ist, und daß das nicht mit Behagen und Bequemlichkeit zu erreichen ist, sondern daß große Anstrengungen notwendig sind, vor allem was Wissenschaft und Künste angeht. Bei Nietzsche wird das dann ja ganz stark betont. Er spricht ja von Härte gegen sich selbst, ich glaube sogar Grausamkeit gegen sich selbst und Macht über sich selbst und Selbstbeherrschung! Es klingt sogar gewalttätig. Ich habe da etwas Mühe, das miteinander in Einklang zu bringen. Auch bei den Gesprächen über das höhere Selbst haben Sie gesagt, wenn man zum höheren Selbst gelangen will, geht es eigentlich nur darum, zu werten und mit dem Werten ist auch denken verbunden. Aber die Anstrengung und die Überwindung, dieses Schwierige wird dort nicht erwähnt. Ob das nicht vielleicht sogar noch schwerer ist als der Triebverzicht, von dem so viel die Rede ist. Sehe ich das richtig, daß das mindestens so schwer ist, wie auf seine Triebe zu verzichten - wenn man die abtöten würde, was ja nicht möglich ist und zu schlechten Ergebnissen führt, wie ich in der Arbeit auch ausgeführt habe. Bisher habe ich das immer nicht betont, habe immer gesagt „Wertwahl" und „der höhere Wert zieht an", „es muß auf nichts verzichtet werden", aber bei Nietzsche und zum Teil auch bei Ihnen ist dieses Moment der Überwindung von sich selbst drin. Soll ich das dann auch betonen?

JR: Freud schreibt ja, daß die Sublimierung in erster Linie die Wahl eines höheren Wertes ist. Das egoistische Triebziel wird ausgetauscht durch ein sozialkulturelles, wo wir allgemein sagen: ein höherer Wert. Wenn wir das mal übersetzen, bedeutet das ja, die nicht-sublimierten Triebziele sind auf einer Ebene mit den Menschen, sozusagen auf der naturhaften Ebene. Ich kann gucken, so wie ich geradestehe, es sind die Triebziele, die ich dann ins Auge fassen kann, also Machterweiterung oder direkt prägenitale Ziele wie Habenwollen oder Macht oder Sexualität oder was immer. Nun soll man dieses Ziel austauschen durch höherstehende soziale. Nun bedeutetdas im Grunde, dass der Mensch den Blick, der zunächst gerade gerichtet ist, höher richten muß. Man kann das wie folgt vergleichen. Ursprünglich ist man ja irgendwie verkrümmt, nicht aufgerichtet. Mit dem Sublimierungsakt verbinde ich eine Aufrichtung der Person - der aufrechte Gang – so daß man den Blick frei hat in die höheren Dimensionen.

Ich würde doch sagen, daß dieses Aufrechtstehen oder Aufrechtgehen nicht ohne ein asketisches Element zu erreichen ist, wobei Askese primär Übung heißt, nicht Triebquälerei oder Triebunterdrückung. Wenn der Mensch sich nicht in Zucht nimmt, man kann es auch Selbstüberwindung nennen oder Ordnung, dann erreicht er gar nicht dieses Moment der Freiheit, um hinaufzugucken. Man kann es auch so sagen: Der Mensch ist gewöhnlich von Angst und Begierde gefangen. Entweder hat er Begierde, und wenn er die nicht hat, hat er Angst. Davon ist er dauernd in Anspruch genommen. Zum Beispiel ein ängstlicher Mensch hat nie einen freien Augenblick, er ist immer okkupiert, in Anspruch genommen von dem, was ihm Angst macht. Auch der Mensch, der mit Begierde durchs Leben geht, was auch ein Stadium der Unreife wäre - wobei das im Jugendalter normal ist und später auch - aber Souveränität muß doch erlangt werden. Angst und Begierde müssen nicht aus dem Leben eliminiert werden, aber doch kontrolliert oder gesteuert werden. Ich glaube, Sublimierung hat am Anfang einen Wunsch zum Freisein: Der Mensch, der sublimiert, hat zunächst den intensiven Wunsch, ich will nicht abhängig sein, ich will nicht unterlegen sein. Während dieses Befreiungsaktes, dieser Übung, dieser Zucht, richtet er sich immer mehr auf und es kommen andere Werte ins Gesichtsfeld. Aber ohne diese innere Wandlung oder dieses innere Sich-in-den-Griff-bekommen, Selbsterziehung, Selbstformung, glaube ich nicht, daß dieses Geschehen ins Rollen kommt. Es ist schon eine Art die-Natur-in-sich-steigern, -läutern oder -aufrichten, wobei es am ehesten geht, wenn es nicht gewaltsam gemacht wird. Die Religion hat das vor Jahrtausenden auch geahnt, aber sehr dumpf und barbarisch unternommen. Als ob das mit Gewalt ginge, weil alles gewaltsam war, die Strafen und die ganze Jurisprudenz, furchtbar. Heute ahnen wir doch, daß dieses Moment der Selbsterziehung wie auch der Fremderziehung umso eher klappt, je anmutiger und behutsamer, geduldiger das gemacht wird. Aber es ist ein Moment der Selbstüberwindung drin. Es wird einem doch nicht geschenkt! Die Sublimierung führt uns an Aufgaben von höchster Kompliziertheit heran. Dostojewskis Romane, um so etwas zu schaffen, muß doch ein Mensch fast wie Dynamit, Sprengstoff ansammeln, damit er dann ein Jahr lang kontinuierlich explodieren kann in Richtung auf das Werk, das Schaffen. Und diese komplizierten Leistungen werden einem bestimmt nicht geschenkt. Das sind Menschen, die sich ganz behutsam und klug und schlau erzogen haben. Das sagt man auch von Goethe, daß er sich mit unerhörter Weisheit erzogen hat. Das denken nur die Faulpelze, er hat's geschenkt bekommen durch seine Begabung. Das stimmt doch nicht. Es wird anerzogen. Man erzieht sich dazu. Ja, die Frage ist, wie man den Menschen aufrichtet, daß er gerad in der Welt steht und sieht, was alles machbar ist. Das ist der Akt der Sublimierung. Jetzt haben Sie noch die letzte Frage.

Gert: Das ist nur kurz, mehr formal eigentlich. Sie haben gesagt, bei der Sexualität kommt es zu diesem Verschmelzungserlebnis, das sei auch etwas dialogisches und insofern etwas geistiges. Da habe ich etwas Mühe, weil die Sprache sonst als geistig gilt, weil sie Symbole verwendet. Die Sexualität verwendet nun statt der Sprache sexuelle Handlungen, insofern ist es auch ein Dialog. Aber es sind doch keine Symbole da, weil die Körper miteinander aktiv sind. Sie haben dann gesagt, es ist aber eine Einigung und eine Einigung ist etwas Geistiges. Ich komme da nicht zurecht. Für mich ist Sprache deshalb geistig, weil sie Symbole verwendet. Bei der Sexualität werden aber keine Symbole verwendet, wie kann sie dann geistig sein, obwohl sie ja eine Einigung ist. Das verstehe ich nicht.

JR: Ja, die Symboltätigkeit steigt ja aus dem Biologischen auf. Wir sind ja Lebewesen, die Symbole gebrauchen. Da ist ein Lebensvorgang, der produziert Sprache und Kunst und andere Symbole, aber letzten Endes ist der Lebensvorgang der fundamentale. Und die Sexualität ist so, wie wenn wir von der höheren Symboltätigkeit eintauchen in den Leib, in den Grund der Symboltätigkeit. Wenn der dann sexuell kommuniziert, ist er nachher tauglicher zum Symbolisieren. So sagen die Künstler oder die schöpferischen Menschen, daß sie aus der Sexualität die Kraft oder die Impulse beziehen, um nachher wieder neu zu symbolisieren im Sinn eines Wiedergeburtserlebnisses. Die Symbole sind zwar die geistige Schicht, aber die wird ja getragen von der biologischen. Und wenn die biologische sich geistig benimmt in der Sexualität oder auch vielleicht in der Muße, im Wohlsein, im Behagen, dann kann sie nachher geistiger produzieren. Vielleicht ist das Sinn der Sexualität, daß wir nachher schlauer sind, klüger. Das ist nicht nur um ein Lüstchen zu haben, wie sich das die Naivität denkt. Das ist auch drin. Aber in Wirklichkeit ist die Sexualität dazu da, daß wir nachher unser Leben schöpferischer angucken. Das ist der Zweck des Sexuellen. Ja, aber da wäre noch manches ... aber ich bin am Ende.

Durch dieses Gespräch wurde mir vieles am Begriff der Sublimierung klarer. Es gab mir neuen Schwung, die schwierige Arbeit an dem Thema fortzusetzen. Dennoch dauerte es aus verschiedenen Gründen, die ich hier nicht anführen will, noch bis zum Jahr 1992, bis auch diese Promotion zum Abschluss gekommen war.

Trotz Partnerschaft, Ausweitung der freundschaftlichen Beziehungen und regelmäßiger Teilnahme und Mitarbeit im Arbeitskreis hatte ich noch jahrelang Mühe, bei den Veranstaltungen im Arbeitskreis durch mündliche Äußerungen hervorzutreten. Das Problem der Expansion auf diesem Gebiet zeigte mir, dass ich die Hemmung noch immer nicht ganz überwunden hatte. Nach der Promotion im Fach Psychologie nahm ich mir vor, mich intensiv zu bemühen, auch auf diesem Gebiet eine Änderung herbeizuführen. Die nächste Gelegenheit war die Feier des 85. Geburtstags meiner Mutter. Da mein Bruder verhindert war, kam es auf mich zu, eine Festrede vor ca. 15 Verwandten zu halten. Es gelang ganz gut. Das machte mir Mut, mich mit meinem neuen Doktortitel an der Volkshochschule Potsdam für die Leitung eines psychologischen Kurses „Mehr Selbstsicherheit durch Selbsterkenntnis und Menschenkenntnis" zu bewerben. Ich wurde mit diesem Thema akzeptiert. Zur ersten Veranstaltung kamen ca. 30 Teilnehmer und die Fachbereichsleiterin, letztere zu Beginn, um mich einzuführen. Obwohl ich mich sehr gut vorbereitet hatte, hatte ich nach der S-Bahn-Fahrt von Berlin nach Potsdam auf dem Weg zur dortigen Volkshochschule mit Ängsten zu kämpfen. Ich wäre manchmal lieber rückwärtsgegangen als vorwärts zu dieser Veranstaltung, die von mir ein bisher unbekanntes Maß an Expansion verlangte. Aber es gelang. Die Teilnehmer waren interessiert und machten gut mit. Das zeigte sich auch daran, dass sie zu den weiteren Kursabenden erschienen. Das Thema war natürlich auch für mich selbst interessant. Ich lernte viel über Fehlhaltungen und seelisch-gesundes Menschsein.

Nach meiner Pensionierung in 2001 wurde ich aufgefordert, eine Einführung für das neu aufgelegte Buch „Minderwertigkeitsgefühle beim Einzelnen und in der Gemeinschaft" von dem Adler-Schüler Oliver Brachfeld zu schreiben. Nachdem das Buch mit meiner Einführung herausgekommen war, fragte mich der Verleger, ob ich nicht einen Vortrag in der öffentlichen Berliner Erwachsenenbildungs-Einrichtung Urania über dieses Thema halten wolle, bei dem er dann das neue

Buch interessierten Hörern anbieten könne. So kam es, dass ich dort einen Vortrag über Alfred Adlers Psychologie unter dem Thema „Minderwertigkeitsgefühle – ihre seelischen Hintergründe und ihre Überwindung“ hielt.

Bei der Ausarbeitung von Vorträgen dringt man tief in ein Thema ein und nimmt viel mehr seelisch - geistig auf, als wenn man nur den Text liest. Dieser Vorzug von Vorträgen faszinierte mich so sehr, dass ich die Gelegenheit wahrnahm, die sich durch das Institut in dieser Hinsicht bot, und dort noch mehrere Vorträge über mir bedeutend erscheinende Themen hielt. Dazu gehörten eine Schrift von Ludwig Binswanger „Henrik Ibsen und das Problem der Selbstrealisation in der Kunst“, in dem Binswanger zu Fragen der Selbstfindung Stellung nimmt, dann Eugen Minkowskis Buch über „Die gelebte Zeit“, in dem Minkowski die gelebte Zeit als Dauer im Sinne von Henri Bergson von der chronologischen Zeit unterscheidet. In „Die Entwicklung des Selbst in der Säuglingsphase“ nach Daniel Stern ging es um die Entwicklung des Babys in den ersten sechs Monaten seines Lebens, in denen die ersten Ansätze einer Personwerdung erkennbar sind. Zuletzt stellte ich Ernst Cassirers Buch „Vom Mythus des Staates“ vor, in dem sich Cassirer mit der Frage auseinandersetzt, warum es dem Nationalsozialismus gelingen konnte, einen Sieg über das rationale Denken und das bis dahin erreichte kulturelle Niveau unseres geistigen und sozialen Lebens davonzutragen.

Heute sehe ich es als einen Glücksfall an, dass ich durch meine Schwierigkeiten beim zweiten juristischen Staatsexamen in die Gruppentherapie von JR gelangte, weil ich sonst niemals diese Fortschritte in der mitmenschlichen Beziehungsaufnahme, in der Expansion und in der Ausweitung des geistigen Horizonts erreicht hätte.

Ein schwerer Verlust

Wenn Gisela und ich uns Gedanken über unser Alter machten, hatten wir die Vorstellung, dass wir beide zusammen sehr alt werden, um dann kurz hintereinander zu sterben. Es sollte jedoch anders kommen. Im Sommer 2019 verbrachten wir den Urlaub zum zweiten Mal in Feldberg in Mecklenburg-Vorpommern in einem schönen Hotel am Haussee. Dem Hotel vorgelagert war am Seeufer eine Wiese mit Tischen, auf denen man bei schönem Wetter frühstücken konnte. Danach konnte man sich dort lagern und von dort aus zum Schwimmen ins Wasser gehen. Gisela gefielen vor allem die Lavendel-Sträucher an der Hauswand, die von Hummeln eifrig besucht wurden. Es war ein sehr heißer Sommer, nachts kühlte es aber stark ab. Am vorletzten Tag vor dem Ende des Urlaubs gingen wir nach einem Spaziergang bei großer Hitze am Nachmittag noch einmal im See schwimmen. Das Wasser war relativ kalt mit einer warmen Schicht an der Oberfläche. Der Körper musste beim Schwimmen diese wechselnden Temperaturen des Wassers aushalten. Das wurde Gisela zum Verhängnis. Sie schaffte es noch, bis zum Ufer zurückzuschwimmen. Auf meine Rufe hin kamen Gäste von der Wiese vor dem Hotel und trugen sie dorthin. Als sie da lag, war plötzlich kein Leben mehr in ihr. Wiederbelebungsversuche, auch später im Krankenhaus, waren erfolglos.

Glück im Unglück war, dass Freunde in Feldberg und Umgebung ihre Sommerwohnungen hatten. Auch sie waren schockiert über das Geschehene. Sie halfen mir über die ersten Tage hinweg und brachten mich nach Berlin zurück. Für mich war das ein harter Schlag, so plötzlich auf mich allein gestellt zu sein, ohne den ständigen Austausch mit Gisela und ihre Zuwendung. Fast 50 Jahre hatten wir zusammengelebt. Ohne den Kontakt mit unseren langjährigen Freunden und die regelmäßigen Treffen im Arbeitskreis hätte ich das kaum geschafft. So begann für mich ein neuer Lebensabschnitt als Alleinstehender. Es gelang mir, mich umzustellen, im Haushalt auch die Aufgaben zu übernehmen, die bisher von Gisela erledigt worden waren. Vor allem war mir klar, dass ich aktiver in den Kontakten mit unseren Freunden sein musste – was bisher eher Gisela übernommen hatte. Günstig für die Umstellung war, dass ich durch meine Mitarbeit im Arbeitskreis einen Lebensinhalt hatte, dass ich auf den Beziehungen, die wir vorher als Paar hatten, aufbauen konnte und Freunde hatte, die bereit waren, mir über diese schwierige Situation hinwegzuhelfen.

II Aufsätze und Vorträge

Einführung zu Oliver Brachfeld: *Minderwertigkeitsgefühle beim Einzelnen und in der Gemeinschaft*

An den Gründern der Tiefenpsychologie Freud, Adler und Jung bewundern wir die Weite des geistigen Horizontes. Sie haben sich nicht auf die rein psychologische Forschung beschränkt, sondern ihr Interesse auch auf verwandte Gebiete der Kunst, Literatur, Geschichte, Ethnologie, Philosophie, Religion usw. gerichtet. Ein Schüler Alfred Adlers, den diese Breite des Interesses und kulturellen Engagements ebenso auszeichnet wie die Gründerväter, ist Oliver Brachfeld. Schwerpunkte seines Forschens und Wirkens waren neben der vorrangigen Individualpsychologie Adlers Sozialpsychologie, Soziologie, Ethnologie und Völkerpsychologie. Bedingt durch sein Emigrantenschicksal ist Oliver Brachfeld in Spanien, Südamerika und Frankreich als Individualpsychologe bekannter geworden als in Deutschland. Dazu trug auch sein Hauptwerk Minderwertigkeitsgefühle beim Einzelnen und in der Gemeinschaft bei, dessen spanische und französische Ausgaben eine viel größere Verbreitung fanden als die erst in der Nachkriegszeit erschienene deutsche Ausgabe.

F. Oliver Brachfeld, geboren am 18.2.1908 in Budapest, stammt aus einem katholisch-jüdischen Elternhaus. Nach seiner Schulausbildung, die er mit dem Abitur im Jahr 1925 abschloss, konnte er wegen der politischen Verhältnisse in Ungarn zunächst nicht in Budapest studieren. Deshalb ging er 1926 nach Wien, um sich an der dortigen Universität für Philologie, und zwar für deutsche und romanische Sprachen und Literatur zu immatrikulieren. Mit ungarischen Freunden aus der medizinischen Fakultät nutzte er die Gelegenheit, Vorlesungen und Vorträge damals in Wien lehrender bedeutender Psychologen wie A. Adler, S. Freud, C.G. Jung u.a. zu besuchen. Dabei machten Adlers Persönlichkeit und seine Lehre, die Individualpsychologie, besonderen Eindruck auf ihn. Adler wurde auf den 18-jährigen Studenten aufmerksam und nahm ihn in den Kreis seiner Schüler auf. „Dem Verfasser (Brachfeld, G.J.) ist das Glück und die besondere Ehre widerfahren, bereits im zweiten Semester seiner Universitätsstudien Schüler Adlers zu werden und von ihm schon mit zwanzig Jahren zu seinem engeren Mitarbeiterkreis und so auch zur Gruppe der ständigen Mitarbeiter der *Internationalen Zeitschrift für Individualpsychologie* gezählt zu werden“ (Brachfeld 1953, 16).

Im Jahr 1927 wurde er schließlich zum Studium an der Universität von Budapest zugelassen und setzte dort seine philologischen Studien fort, u.a. im Fach Romanistik bei Prof. A. Körösi, der sich innerhalb des spanischen Sprachkreises besonders für die katalanische Sprache und Kultur interessierte. So kam es, daß Brachfeld für die Promotion ein Thema aus der katalanischen Literatur wählte, das zum Anlaß für eine Studienreise nach Barcelona wurde, dem geistig-kulturellen Zentrum Kataloniens.

Barcelona, das im Jahr 1929 in politisch-ökonomisch und geistig-kultureller Hinsicht eine Blütezeit erlebte - u.a. fand 1929 dort und in Sevilla eine Weltausstellung statt - hinterließ einen unauslöschlichen Eindruck bei dem jungen Doktoranden. Dieser fiel durch sein ungewöhnliches Sprachtalent auf - er sprach und schrieb fließend ungarisch, deutsch, französisch, spanisch und katalanisch -,was ihm ermöglichte, aktiven Anteil am dortigen geistigen Leben zu nehmen. Er hielt Vorträge über Themen der Psychologie und Soziologie und veröffentlichte entsprechende Artikel in der Tagespresse wie auch in Fachzeitschriften. Seine Aktivitäten machten ihn in den intellektuellen Kreisen Barcelonas bekannt. Sein Bemühen um Assimilierung an diesen Kulturkreis ging so weit, daß er seine Artikel dort mit „F. Oliver Brachfeld“ zeichnete und damit den Eindruck eines katalanischen Familiennamens - oliver heißt auf katalanisch Olivenbaum - erweckte.

An seine Rückkehr nach Budapest und den Erwerb des Doktor-Diploms schloß sich ein zweijähriger Studienaufenthalt in Paris an, den er mit einem „Diplome d‘Etudes Supérieures“ an der Sorbonne abschloß. Er leitete dort einen Kreis für Adlersche Studien, der für verschiedene Studentengruppen Vorlesungen veranstaltete (ders. 1953, 115 Anm. 117); ferner veröffentlichte er Artikel und „suchte Verleger für das Werk des Meisters (Adler, G.J.) zu interessieren“ (ders. 1953, 106).

Seit seinem erfolgreichen Studienaufenthalt in Barcelona stand seine Entscheidung fest, sich dort niederzulassen. So übersiedelte er 1931 in diese Stadt, in der er bis zum Beginn des spanischen Bürgerkrieges 1936 in den wohl glücklichsten Jahren seines Lebens eine rege Tätigkeit entfaltete. Als Dozent hielt er an der Philosophischen Fakultät der Universität, am Pädagogischen Seminar und am Instituto Psicotécnico Vorlesungen, Seminare und Kurse über Themen der Psychologie, Soziologie, Geschichte und Literatur, wobei er sich mit besonderem Engagement für die Verbreitung der Individualpsychologie Adlers einsetzte. Ferner wirkte er als Berater und Agent eines psychologischen Verlages bei der Herausgabe psychologischer Fachbücher mit und sorgte dafür, daß grundlegende sowie neue Werke von A. Adler, C.G. Jung, K. und Ch. Bühler und anderen in Spanien bekannt wurden. Viele von Adlers Büchern übersetzte Brachfeld selbst und versah sie mit Vorworten oder Kommentaren. Hinzu kam eine Tätigkeit als Übersetzer ungarischer Romane sowie der Werke zeitgenössischer deutscher, französischer und englischer Autoren wie T. Mann, S. Zweig, J. Wassermann, A. Gide, A. Maurois, F. Mauriac, S. Maugham ins Spanische.

Der Ausbruch des Bürgerkrieges im Juni 1936 bereitete dieser fruchtbaren Tätigkeit ein jähes Ende. Das Herannahen von Francos Truppen zwang ihn 1938, unter Verlust seiner Bibliothek und zahlreicher Manuskripte nach Frankreich zu fliehen. Es folgte ein 5 Jahre währendes Leben als Emigrant in Paris und ab 1940 in Südfrankreich unter teilweise unwürdigen Verhältnissen. Angebote lateinamerikanischer Gesandschaften zur Einreise in diese Länder lehnte er ab, weil er wegen seiner Heirat mit einer Katalanin in der Nähe von Spanien leben wollte. Die Besetzung Südfrankreichs durch deutsche Truppen veranlasste ihn 1942, nach Barcelona zurückzukehren, um nicht in die Hände der Gestapo zu geraten. Im liberaleren Spanien gelang es ihm, sich der Polizei zu entziehen und unter dem Namen seiner spanischen Ehefrau eine Presseagentur aufzubauen. So konnte er die Zeit bis zum Ende des zweiten Weltkrieges überleben. Auch danach mußte er jedoch, da Franco weiterhin an der Macht blieb, auf eine Universitätslaufbahn verzichten.

Nach acht Jahren des Wartens auf eine Änderung der politischen Verhältnisse in Spanien entschloss er sich schließlich 1950, nach Venezuela auszuwandern. Zunächst nahm er verschiedene Lehraufträge wahr. Dann habilitierte er sich im Jahr 1951 mit seiner Schrift "Minderwertigkeitsgefühle beim Einzelnen und in der Gemeinschaft" an der venezolanischen Universtität der Anden in Mérida. Dort gründete er auch das Instituto de Psicosíntesis y Relationes Humanas. Im Jahr 1955 wurde er für zwei Jahre zum Vorsitzenden der International Society of Psychology gewählt.

Aus familiären Gründen kehrte Brachfeld 1957 nach Barcelona zurück und war dort als freier Schriftsteller tätig. Ein Lehrauftrag der Universität Münster für das Fach Tiefenpsychologie führte ihn von 1960 bis 1965 nach Deutschland, wo er 1962 mit anderen die „Deutsche Alfred-Adler-Gesellschaft" gründete. Obwohl Brachfeld viele Jahre in Spanien gelebt hatte und mit einer Spanierin verheiratet war, wurde ihm die spanische Staatsbürgerschaft verweigert. Er hatte den Status eines politischen Flüchtlings und verwendete für seine Auslandsreisen einen von den Vereinten Nationen ausgestellten „Nansen-Paß". Als ihm das Bundesministerium für Wissenschaft und Bildung 1964 die deutsche Staatsangehörigkeit anbot, damit er im Rahmen eines wissenschaftlichen und kulturellen Austauschprogramms in Südamerika tätig werden konnte, sagte er zu. So kam es, daß er mit fast 57 Jahren deutscher Staatsbürger wurde. Der erneute Aufenthalt in Südamerika mit einer Lehrtätigkeit an den Universitäten von Bogotá (Kolumbien) und Quito (Ecuador) in den Jahren 1965 bis 1967 wirkte sich jedoch wegen des ungünstigen Klimas dieser beiden Hauptstädte auf seine Gesundheit schädlich aus. Er starb am 2.9. 1967 in Quito, Ecuador.

O. Brachfeld war ein Psychologe, der nicht nur psychische Phänomene beim Einzelnen erforschen wollte, sondern auch ihre Wurzeln in Sage und Märchen, ihre Vorläufer in der Literatur sowie ihren historisch-soziologischen Hintergrund. Das zeigt sich schon in seinen frühen Aufsätzen in der *Internationalen Zeitschrift für Individualpsychologie,* wie in „Marlowe als Vorläufer der Individualpsychologie" (ders. 1928a, 63), „Die Deutung eines Traumes in Rousseaus ‚Nouvelle Héloise'" (ders. 1928b, 374), „Die Furcht vor der Frau, in Sage, Märchen und Literatur" (ders. 1928c, 442) usw. Diese besondere Art der Ganzheitsbetrachtung, die alle Aspekte der Kultur berücksichtigt, ist dank Brachfelds vielfältiger Kenntnisse in Sprachen, Literatur, Kunst, Soziologie und Ethnologie dessen besondere Stärke. Als Leser ist man vielfach verblüfft über die Spannweite seiner Assoziationen, die in den frühen Aufsätzen auch Sonderbares und Skurriles einschließen. Ferner fällt auf, daß die Psychologie der Sexualität und ihrer Verirrungen relativ häufig in den frühen Aufsätzen thematisiert wird (ders. 1928a, 63; 1930a, 142; 1929/30, 505; 1930b, 376; 1930/31a, 420; 1930/31b, 425). Ein Motiv Brachfelds dafür mag der von Freud und seinem Kreis erhobene Vorwurf gewesen sein, Adler wolle die Sexualität ignorieren oder sie auf ein unleugbares Minimum reduzieren (ders. 1930a, 142).

Adler hatte Brachfeld für die Rolle ausersehen, die Otto Rank bei Freud einnahm. Er erwartete nämlich von ihm „den Ausbau seiner Lehre in der Richtung der Geisteswissenschaften" (ders. 1953, 16). Auf der Suche nach Berührungspunkten zwischen Individualpsychologie und Philosophie stieß Brachfeld auf einen Zeitgenossen, den bedeutenden spanischen Philosophen José Ortega y Gasset. Ortega sah seine Aufgabe darin, die spanische Kultur aus ihrer Isolation herauszuführen und sie um die europäische, vor allem, um die deutsche Philosophie zu bereichern. In dem Bestreben, ein einheitliches System zu schaffen, neigte er allerdings dazu, andere Ideen, die er in sein Konzept integrieren wollte, zu vereinfachen bzw. zu verkürzen (Dorowin 1989, 582). Ortega hatte Adlers Werke gelesen und stimmte aus seiner Sicht mit Adlers Grundpositionen überein (Brachfeld 1931, 139). So forderte er zum Beispiel, daß die Psychologie die Leitlinien des individuellen Lebens, seine Ziele untersuchen muß, daß ihr Gegenstand nicht nur die Psyche des einzelnen ist, sondern auch die ihn umgebende Welt, in der er lebt - „Yo soy yo y mi circunstancia“ (zit. n. Brachfeld 1951, 567) - und daß uns das Leben nicht gegeben, sondern aufgegeben ist (ders. 1931, 139; 1966, 13). Brachfeld freute sich anfangs über die lebhafte, ja begeisterte Zustimmung, die Adlers Lehre bei Ortega fand (ders. 1931, 139). In späteren Jahren werden in seinen Stellungnahmen zu Ortega auch kritische Töne hörbar. So spricht er einmal von „gewissen verfänglichen Theorien vom sogenannten ‘Aufstand der Massen‘“ (ders. 1953, 45) und rügt an anderer Stelle, daß bei Ortega die Forderung „‘Leben ist Verantwortung gegenüber der Gemeinschaft‘ ganz unter den Tisch gefallen ist“ (ders. 1966, 13). Daß Brachfeld auch bei anderen Philosophen Gemeinsamkeiten mit Adlers Lehre aufzuspüren sucht, zeigen seine Ausführungen über Hobbes und Mandeville im vorliegenden Buch.

Brachfeld sah deutlich Adlers Interesse für die soziale Seite des Seelenlebens und stimmte seiner Definition der Gesamtperson als Teil einer Gemeinschaft ausdrücklich zu (ders. 1953, 75). Von seinem Auftrag her war das Grund genug, sich mit der Sozialpsychologie und Soziologie intensiv zu befassen und nach Berührungspunkten mit Adlers Lehre zu forschen. Sein Lebensschicksal, das ihn immer wieder mit anderen Völkern, ihren Idealen und Ressentiments konfrontierte, erklärt darüber hinaus sein besonderes Interesse an einer Ausweitung der Lehre Adlers in dieser Richtung. René König, ein bedeutender Soziologe und langjähriger Ordinarius für dieses Fach an der Universität Köln, mit dem er seit seiner Studentenzeit in Paris befreundet war, sieht denn auch ein zunehmendes Interesse Brachfelds an Soziologie, Sozialpsychologie und Völkerpsychologie vor allem nach dem 2. Weltkrieg (König 1968, 195). Abgesehen von einer frühen Veröffentlichung, in der aber schon die Forderung nach einer soziologisch ausgerichteten Psychologie erhoben wird (Brachfeld 1934, 44), ist es vor allem sein Hauptwerk *Minderwertigkeitsgefühle beim Einzelnen und in der Gemeinschaft*, in dem er Adlers Konzept der Minderwertigkeitsgefühle ausweitet zu einer Untersuchung über Rassen-Minderwertigkeitsgefühle sowie über „nationale Minderwertigkeitsgefühle oder die Ethnopsychologie der Komplexe“. Im Vorwort fordert er nach einem Zitat R.M. Rilkes „Ihr seid ja alle Ärzte, ihr modernen Menschen“ geradezu, daß „wir alle zugleich auch zu Psychologen, auch zu Soziologen werden“, um den Problemen unserer Zeit gerecht zu werden (ders. 1953, 12). In dieser Richtung liegt auch die Gründung des Instituto de Psicosíntesis y Relationes Humanas an der Anden-Universität in Mérida, in der es zum Programm gehört, beim Studium der Psychologie das Individuum „niemals aus seinem kollektiven, sozialen, kulturellen und ökonomischen Zusammenhang zu lösen“ (ders. 1952, 13). Nicht unerwähnt bleiben soll eine soziologische Abhandlung über die „Mittelschichtprobleme Südamerikas, dargestellt am Beispiel der Mittelschichten Venezuelas“, die er für einen von R. König herausgegebenen Sammelband „Probleme der Mittelschichten in Entwicklungsländern“ beisteuerte (ders. 1964b, 99).

Die Wahl des Namens „Psicosíntesis“ (Psychosynthese) für sein psychologisches Institut an der Universität in Mérida hängt damit zusammen, daß Brachfeld sich einen „aufrichtigen Bewunderer der Psychosynthese Bjerres“ nennt (ders. 1953, 12). Poul Bjerre und andere forderten, daß sich an jede Psychoanalyse eine Psychosynthese anschließen müsse. Sobald der Patient von Ängsten und Hemmungen befreit ist, sollen ihm soziale oder geistig-kulturelle Ziele aufgezeigt werden, auf die er sein Leben ausrichten kann. Brachfeld spricht sich denn auch für eine aktive „führende Therapie“ im Sinne einer Menschenführung aus. Er kritisiert an Adlers Schülern, die Minderwertigkeitsgefühle durch Erziehung oder Therapie ausrotten zu wollen, was er für ein unmögliches Unterfangen hält. Stattdessen will er sie zähmen und leiten, „geschickt dosieren und so nutzbar machen“ (1953, 22).

Die Verbreitung der Lehre Adlers bei der vorwiegend katholischen Bevölkerung Spaniens und Südamerikas verlangte von Brachfeld eine Stellungnahme zum Verhältnis von (katholischer) Religion und (Individual-) Psychologie. Brachfeld kam dem einmal durch Übersetzung geeigneter Aufsätze nach, z.B. „Psicoanálisis y Catolicismo“ von Maryse Choisy (zit. n. Brachfeld 1952, 47), sowie durch eigene Veröffentlichungen. Er vertrat die Auffassung, daß Adlers Lehre nicht im Widerspruch zu den Forderungen der katholischen Religion steht, sondern sah vielmehr in der von Adler betonten Verantwortung des Einzelnen für sein Leben, in der Selbsterziehung, wie auch in Adlers Einstellung zur Ehe als der gesunden Lösung der sexuellen Frage eine Bestätigung der christlichen Morallehre (ders. 1951, 554ff.).

Brachfeld hat sich auch mehrfach zur Psychologie der Frau geäußert. Von seinem kulturgeschichtlichen und soziologischen Wissen zeugen „Die Furcht vor der Frau, in Sage, Märchen und Literatur“ (ders. 1928c, 442) und „Das Bild der Frau im Wandel der Zeit“ (ders.1964a, 9). Die Minderwertigkeitsgefühle der Frau sind Gegenstand der Untersuchung in seinem 1949 erschienenen Buch „Los complejos de inferioridad de la mujer“ (Die Minderwertigkeitskomplexe der Frau) sowie in „Is woman less intelligent than man“ (ders. 1946, 87). Im zuletzt genannten Aufsatz geht er der Frage nach, warum es in einer Zeit, in der theoretisch Jungen und Mädchen in gleicher Weise Zugang zu Erziehung und Bildung haben, weniger „große Frauen“ als „große Männer“ gibt. Nach Brachfeld liegt es am Männlichkeitsprinzip, das noch immer in unserer Gesellschaft herrscht und das die Frau mit dem Minderwertigkeitskomplex, „nur eine Frau zu sein", belastet. Es genügt nicht, daß die Frauen wissen, daß sich ihre Intelligenz grundsätzlich nicht von der männlichen unterscheidet. Vielmehr ist notwendig, daß sich eine entsprechende Auffassung in der Gesellschaft durchsetzt und alle sich danach verhalten. Nur so kann vermieden werden, daß die Frauen in dem Teufelskreis von Vorurteil, Entmutigung und Hemmung gefangen bleiben. Anders ist die Entwicklung einer Frau zur bedeutenden Persönlichkeit nicht denkbar.

Bei allen wissenschaftlichen Bemühungen leitete ihn von Anfang an ein zentrales Anliegen, die Erforschung der Minderwertigkeitsgefühle bzw. -komplexe. Alles Wesentliche über dieses Thema, das er als eines der wichtigsten unseres Zeitalters ansieht, trug er in seinem Hauptwerk *Minderwertigkeitsgefühle beim Einzelnen und in der Gemeinschaft* zusammen. Zum einen wollte er damit eine Grundlage für eine neue Psychologie des Selbstwerterlebens schaffen, zum anderen den Begriff Minderwertigkeitsgefühle - wenn auch nur „vorsichtig" und „tastend" - „der Sozialtheorie nützlich machen" (S. 12). Adlers Individualpsychologie, die nach seiner Auffassung richtiger „Gemeinschaftspsychologie" heißen müßte, sei die geeignete Basis, um Psychologie, Soziologie und Medizin zu einer neuen Lehre vom Menschen zusammenzufassen (S. 11).

Der Ursprung dieses Werkes liegt vermutlich in persönlichen, ganz existenziellen Erfahrungen der Diskriminierung, die Brachfeld in seiner Jugend als Halbjude in Budapest gemacht hat (König 1968, 195). Das bedrückende Erlebnis des Andersseins fand in Adlers Lehre vom Minderwertigkeitsgefühl eine theoretische Fundierung. Von da her ist es nur zu verständlich, daß Brachfeld gerade diese Lehre zum Thema seines Hauptwerks gemacht hat und dabei auch die Minderwertigkeitsgefühle in der Gemeinschaft berücksichtigt hat.

In der Vorgeschichte der deutschen Ausgabe spiegelt sich sein Emigrantenschicksal wider und das dadurch bedingte Hin- und Herpendeln zwischen dem spanischen, französischen und deutschen Kulturkreis. Die erste - kürzere -Ausgabe in spanischer Sprache kam 1936 kurz vor Ausbruch des spanischen Bürgerkrieges heraus. Das Erscheinen der neuen Fassung in französischer Sprache wurde durch Hitlers Einmarsch in Frankreich im Jahr 1940 hinausgezögert. Die deutsche Fassung erschien - ebenso wie die englische - im Jahr 1953 während der Lehrtätigkeit des Autors in Venezuela.

Das Wort „Minderwertigkeitsgefühl" war dem Mann auf der Straße längst geläufig und spukte in den Spalten der Tagespresse, als Brachfeld 1935 die erste Kurzfassung schrieb. Die Entwicklung zum Modewort zeigt, daß es sich um ein Phänomen handelt, das die Menschen einer Epoche bewegt. Für Brachfeld ist sie ein

Zeichen, daß größere soziologische Prozesse den Boden dafür bereitet haben. Zum Ausgang des 19. und Beginn des 20. Jahrhunderts hat die Menschheit das Gefühl der Unsicherheit und Ohnmacht in einem Ausmaß erfahren wie seit Jahrhunderten nicht mehr. Die Sicherheiten, auf die sich das Bürgertum nach dem Aufstieg aus tieferen Klassen gestützt hatte, sind verloren gegangen. Die Familie - ehemals Versorgungs- und Lebensgemeinschaft - konnte ihre Mitglieder nicht mehr versorgen; vielmehr verdiente jeder außer Haus seinen Lebensunterhalt. Die Ehe war kein „ewiger Bund" mehr, sondern eher ein kündbarer Geschäftsvertrag. Der Glaube an die Sicherheit durch das Geld war nach der Inflation dahin. Die mühsam festgeschriebenen Menschenrechte wurden im 1. Weltkrieg mit Füßen getreten. Arbeitslosigkeit, politische und soziale Wirren untergruben dann den letzten Rest des ohnehin auf schwachen Füßen stehenden Sicherheitsgefühls. Kein Wunder, daß in solchen Zeiten des wachsenden Gefühls der Ohnmacht der Ausdruck Minderwertigkeitsgefühl in den allgemeinen Sprachgebrauch übernommen wurde.

Brachfeld stimmt Erich Fromm darin zu, daß hochkomplizierte wirtschaftliche und soziale Verhältnisse das Gedeihen des Ohnmachtsgefühls begünstigen. Die Ohnmacht der Erwachsenen angesichts von Mächten, die sie nicht durchschauen, geschweige denn beherrschen können, ist der Ursprung von Minderwertigkeitsgefühlen. Das wirkt sich auch auf die Erziehung aus. Eltern mit Minderwertigkeitsgefühlen sind unsichere Erzieher. Sie können ihrem Kind nicht den erforderlichen Halt geben, was wiederum Minderwertigkeitsgefühle beim Kind hervorruft.

Das Gefühl der eigenen Schwäche und Ohnmacht des modernen Menschen wird nach Brachfeld oft unmittelbar abgelöst von einem Gefühl der Überlegenheit, z.B. nach Alkoholgenuß, nach Kino- oder Sporterlebnissen, bei denen es oft zur Identifikation mit dem Helden bzw. Sieger kommt. Das Gefühl des Hin- und Hergezerrtseins zwischen Minderwertigkeits- und Überlegenheitsgefühlen bezeichnet Brachfeld nach der Gestalt des Gulliver von J. Swift - „dem Symbol menschlicher Relativität" (S. 20) - als das Gulliversche Lebensgefühl. Er hält die Erfahrung des Schwankens zwischen Kleinheits- und Größengefühlen für den heutigen Menschen für so grundlegend, daß er den Ausdruck „Gulliver-Komplex" den Adlerschen Ausdrücken Minderwertigkeitsgefühl und Geltungsstreben vorziehen würde.

Beim Blick auf Vorläufer von Adlers Theorie über Minderwertigkeitsgefühle läßt Brachfeld Exponenten der europäischen Geistesgeschichte wie Montaigne, Shakespeare, Rousseau, Vauvenargues, Stendhal, Carl Philipp Moritz u.a. vor unseren Augen Revue passieren. Offensichtlich ist Shakespeares Richard III. ein Fall von kriminellem Streben auf der Basis eines durch seine Mißgestalt hervorgerufenen Minderwertigkeitsgefühls. Schon Vauvenargues postuliert ein *sentiment de l'imperfection* (Gefühl der Unvollkommenheit), das er dem eher von Mut und Kraft begleiteten *sentiment de l' être* (Seinsgefühl) gegenüberstellt. Vauvenargues fordert einen Ausgleich zwischen beiden Elementen, der Schwäche bzw. Unvollkommenheit einerseits und der Stärke bzw. des Mutes andererseits, damit nicht Hilflosigkeit oder Anmaßung überhandnehmen. Stendhal gebrauchte als erster den Ausdruck *sentiment d'infériorité,* aus dem das deutsche „Minderwertigkeitsgefühl" entstand. Julien Sorel aus Stendhals Roman „Rot und Schwarz" ist „innerhalb der Literatur der vollkommenste Vertreter des Minderwertigkeitskomplexes" (S. 65), der sich nicht scheut, sogar die Liebe als Mittel seines schrankenlosen Geltungsstrebens einzusetzen. Insofern ist „Rot und Schwarz" die meisterhaft dargestellte Geschichte eines modernen Neurotikers.

Unter den Psychologen ist Pierre Janet ein bedeutender Vorläufer der Theorie der Minderwertigkeitsgefühle. Brachfeld kannte ihn gut, weil er bei ihm während seines Studiums in Paris Vorlesungen gehört hatte. Er würdigt ihn als „eigentlichen Schöpfer des psychischen Determinismus, d. h. der Lehre, daß ein psychischer Vorgang von einem ebenfalls psychischen Vorgang hervorgerufen werden kann, ohne das Dazwischentreten irgendeines körperlichen Faktors" (S. 69). Janet begnügte sich jedoch damit, von ihm entdeckte neue Fakten mit Namen wie mit Etiketten zu versehen, und interpretierte in seiner rationalen cartesianischen Einstellung sich ihm darbietende psychische Phänomene immer als „Ideen" und nicht als Affekte oder Gefühle. Die „Zwangsidee des Sichschämens über sich selbst" (bzw. „... wegen des eigenen Körpers") kommt dem Adlerschen Begriff des Minderwertigkeitsgefühls sehr nahe. In seinem Buch *Obsessions et Psychasthénie* bezeichnete Janet schließlich die Symptome seiner Patienten, ihre Klagen über Unfertiges, Unzufriedenstellendes und Unvollständiges bei der Selbsteinschätzung als *sentiment d'incomplétude.* Das ist der Begriff, auf den Adler in seinem Buch „Über den nervösen Charakter" Bezug nimmt (Adler 1912, S. 30). Auch Janets zeitweise vielbeachtete Lehre von der Psychasthenie, die mit einer Abnahme der seelischen Spannung, einer Herabsetzung der seelischen Funktionen und Zweifeln, Ängsten sowie „Zwangsideen" der beschriebenen Art einhergeht, zeigt eine weitgehende Übereinstimmung mit Adlers Minderwertigkeitsgefühl.

Bei Adler ging die Entwicklung von einer medizinisch-biologischen Betrachtung der organischen Minderwertigkeit zur Entdeckung eines rein subjektiven „Gefühls" der Minderwertigkeit. Mit diesem Begriff wurden Gefühle der Unzulänglichkeit, Unsicherheit und Ohnmacht, wie auch von Schuld, Scham und Angst erfasst, die meist auf sozialem Hintergrund entstehen. Eine Minderwertigkeit brauchte tatsächlich gar nicht vorhanden zu sein. Sie konnte eingebildet sein oder aufgrund einer sozialen Konvention bestehen wie bei Linkshändigkeit oder Rothaarigkeit. Das quälende Gefühl der Minderwertigkeit ist die Quelle unablässiger Bestrebungen der Kompensation, um Unsicherheit und Unbeholfenheit zu überwinden. Ist dieser Weg versperrt, kann es auch eine asoziale oder antisoziale Haltung auslösen, ein krankhaftes Streben nach realer oder eingebildeter Macht.

Nach Adler gibt es nichts Statisches im Menschen, alles ist Bewegung. Die Leitlinien dieser Bewegung, mit der der einzelne an die Lebensaufgaben herangeht - ob mutig, ängstlich, zögernd oder kämpferisch - nannte Adler später den „Lebensstil". Dieser Begriff aus dem Bereich der Kunst kennzeichnet Adlers Ablehnung naturwissenschaftlichen Kausaldenkens und seine Überzeugung, der Lebensstil sei eine Schöpfung des jeweiligen Individuums. Nicht was wir bei der Geburt mit auf die Welt bringen, sei entscheidend, sondern was wir daraus machen. Der Lebensstil ist laut Adler geprägt vom Ziel der Überlegenheit: jeder ist bemüht zu gelten, das heißt Situationen der Unterlegenheit zu meiden und solche der Überlegenheit zu suchen. Das stärkste Motiv jeder menschlichen Handlung ist nicht Macht, sondern Überlegenheit. „Selbstwertgefühl zu besitzen, sich 'bedeutend' zu fühlen: das ist das Geheimnis der menschlichen Seele" (Brachfeld 1953, 123). Das Geltungsstreben ist aber nicht ursprünglich im Menschen angelegt. Vielmehr entsteht es als Kompensation für das Minderwertigkeitsgefühl. Die gegenüber Säugetieren schlechtere biologische Ausrüstung hat den Menschen gezwungen, gesellig zu leben. Daher hat der Mensch eine Disposition zur Gemeinschaft, zu Solidarität und Kooperation. Aber das Gefühl der Unzulänglichkeit schwächt diese Tendenzen. Nach jedem Schlag, den die Selbstachtung erleidet, wird es schwerer, zu Solidarität und Zusammenarbeit zurückzufinden. Das nicht kompensierte Minderwertigkeitsgefühl führt den einzelnen aus der Gemeinschaft heraus. Mit dem Geltungsstreben als einem Streben nach einer bedeutenden Position in der Gemeinschaft versucht er, das Minderwertigkeitsgefühl zu überwinden und sich in der Gemeinschaft zu halten. Neurose und Kriminalität sind mißlungene Sicherungsversuche, die mit einer weiteren Abwendung von der Gemeinschaft einhergehen.

Brachfeld beschreibt ausführlich, wie das Minderwertigkeitsgefühl beim neugeborenen Kind entsteht. „Im Vergleich zu seiner intrauterinen Lage bedeutet der nachgeburtliche Zustand des Kindes eine entschiedene Minderwertigkeitssituation." (S. 154) Es befindet sich in einem Zustand äußerster Hilflosigkeit. Hinzu kommen möglicherweise Ungeschicklichkeiten der Erzieher, etwa eine ungeduldige Geste, die das Kleinkind, das sich ausgeliefert, ja verraten fühlt, in einen Zustand des Elends versetzt. Auch nach der Entwöhnung hat das kleine Kind vielfältige Lernprozesse zu bewältigen, wie zum Beispiel den aufrechten Gang, die Beherrschung der Körperfunktionen, an deren Anfang immer eine schmerzlich wahrgenommene

Situation des Nichtkönnens, der Minderwertigkeit steht. An der Überwindung dieser Schwierigkeiten bildet sich nach und nach das Ichgefühl des Kindes heraus.

Mit zunehmenden Ich-Bewußtsein entsteht das Selbstwertgefühl. Ist das beim Kleinkind aufkommende Minderwertigkeitsgefühl zu stark ausgeprägt, bildet sich auf dem Weg der Kompensation ein neurotischer Lebensplan. Die seelische Bewegung führt von einer wirklichen, aber übertrieben erlebten Minderwertigkeit zu einer mehr oder weniger eingebildeten Überlegenheit. Es kommt zu einem Schwanken des Selbstwertgefühls zwischen den beiden Polen Minderwertigkeit und Überlegenheit. Auch beim nicht neurotischen Menschen schwankt das Selbstwertgefühl, wenn er vor eine Aufgabe gestellt wird, die ihm schwierig erscheint. Je größer die Kräfte sind, die zur Bewältigung der Aufgabe zur Verfügung stehen, um so geringer fällt die Schwankung des Selbstwertgefühls aus. Das Selbstwertgefühl hängt demnach vom Reifegrad des Betreffenden ab. Pflichten sind"die conditio sine qua non des Selbstwertgefühls und folglich der geistigen Gesundheit. Ohne ein Mindestmaß an Verantwortlichkeit gibt es kein Selbstwertgefühl." (S. 167)

Alles kann zur Quelle von Minderwertigkeitsgefühlen wie auch von Gefühlen der Überlegenheit werden. Es kommt nicht auf die Tatsachen an, sondern auf die Meinung, die der Einzelne damit verbindet. Bei Kindern sind Minderwertigkeitsgefühle meist Folge einer plötzlichen Veränderung in ihrem Leben: erster Schultag, neuer Lehrer, Umzug der Familie, Geburt eines Geschwisters usw. Die Antwort des Kindes auf die veränderte Situation zeigt, wie es im Leben steht, wie mutig oder ängstlich es sich einschätzt. Aus der Dialektik zwischen neuen Situationen und Antworten des Kindes entsteht sein Lebensstil.

Brachfelds besonderes Interesse gilt dem Phänomen der Kompensation. Der Gedanke der Kompensation war Adler von der Medizin her vertraut. Ärzte kennen diesen Kunstgriff der Natur, einen Organmangel auszugleichen. Z.B. beim Verlust einer Niere übernimmt die verbliebene Niere die Arbeit des ausgefallenen Organs mit. Während die Kompensation im organischen Bereich automatisch abläuft, spielen in anderen Fällen psychische Faktoren eine besondere Rolle, z.B. wenn beim Verlust der Sehkraft eine auffallende Entwicklung eines anderen Sinnesorgans, des Tastsinns oder des Gehörs einsetzt oder eine Intensivierung des inneren Schauens; oder wenn es bei körperlicher Schwäche zu einer besonderen Entwicklung geistiger Fahigkeiten kommt, wie uns Homer von Odysseus berichtet.

Das gilt erst recht bei Minderwertigkeitsgefühlen, die allein von der gesellschaftlichen Wertung abhängen, wie bei der Linkshändigkeit. Überschätzt der Betroffene den Gebrauch der rechten Hand, so kann er durch besonderes Training dem scheinbaren Mangel abhelfen und etwa eine besondere manuelle Geschicklichkeit mit beiden Händen erlangen. Steht seine Erziehung bzw. sein Charakter einer derartigen Kompensation entgegen, kompensiert er möglicherweise nur im psychischen Bereich, indem er einen besonderen Grad geistiger Wendigkeit erreicht.

Schließlich gibt es „unechte" oder „billige" Kompensationen, die dem modernen Menschen in der abendländischen Zivilisation zur Verfügung gestellt werden, wie den Geschwindigkeitswahn, in dem sich der Fahrer die Kraft seiner Maschine selbst zuschreibt, den Sport – als Schauspiel für die Zuschauer –, die „leichte Unterhaltung' im Radio und Kino. Auch die Rauchleidenschaft gehört hierher. All diese Tätigkeiten sollen Gefühle der Leere und Passivität vertreiben, die im Gefolge des Ohnmachtsgefühls auftreten. Brachfeld führt die Zunahme dieser billigen Kompensationen auf die Entpersönlichung des modernen Menschen durch die Standardisierung der Arbeit, der Waren und Dienstleistungen, der Gefühle und Gedanken zurück.

Überschreiten die Minderwertigkeitsgefühle ein gewisses Maß, so wird die fließende Grenze von den Charakteranomalien zur Pathologie überschritten, und es ergeben sich die hier „Großformen des Minderwertigkeitskomplexes" genannten Erscheinungen der Neurose, Psychose und der Kriminalität. Der Ausdruck *Minderwertigkeitskomplex* ist nach Brachfeld zunächst in Amerika entstanden, wo Adler als Vater des „inferiority and superiority complex" begrüßt wurde (S. 136). Adler habe den Begriff übernommen und ihm im *Sinn des Lebens* die Bedeutung eines gesteigerten Minderwertigkeitsgefühls gegeben. Kann der Einzelne die Probleme in Arbeit, Liebe oder Gemeinschaft nicht mehr lösen und tritt er angesichts dieser Lebensaufgaben den Rückzug an, so liegt eine Neurose vor. Der Verbrecher steht wie der Neurotiker unter dem Druck eines gesteigerten Minderwertigkeitsgefühls; auch er „wählt" ein sozial unnützes Verhalten, er hat aber einen stärkeren Hang zur Aktivität als der Neurotiker. Er trotzt offen der Gesellschaft, während der Neurotiker sich oft seiner unsozialen, parasitären Haltung nicht bewußt ist. Bei der Psychose dagegen führt die Schädigung des Selbstwertgefühls zu einem völligen Rückzug aus der Realität. Das Erlebnis des eigenen Unwertes ist hier so stark, daß der Betreffende sich nur noch mit sich selbst abgibt und sich damit ganz von der Umwelt zurückzieht. Die Psychose ist viel mehr als die Neurose ein „Überwältigtsein von (Lebens-) Angst" (S. 245). Individuelle Unterschiede entscheiden darüber, welche Art der Flucht vor den Forderungen des Lebens „gewählt" wird: Neurose, Psychose, Kriminalität, Sucht oder Perversion.

Die Arbeit als eine von den drei Aufgaben mit sozialem Grundcharakter, die jeder Mensch in seinem Leben lösen muß, kann von zwei Seiten her zur Quelle von Minderwertigkeitsgefühlen werden. Durch moderne Arbeitsbedingungen, periodische Wirtschaftskrisen und Arbeitslosigkeit, die den Einzelnen, vor allem den Arbeiter, von „außen“ her bedrohen, ferner dadurch, daß bei der Arbeit die Beziehung des einzelnen zur Zeit offenbar wird: bei schon vorhandenen Minderwertigkeitsgefühlen können „Ausflüchte“ bzw. „Proteste“ die Zeit zum schlimmsten Feind des arbeitenden Menschen machen.

Es gibt nur wenige Situationen im Menschenleben, die so bedrohlich für das Selbstwertgefühl des einzelnen sind wie die Arbeitslosigkeit. Besteht längere Zeit keine Aussicht auf Beschäftigung, so werden die Betroffenen vom Universitätsprofessor bis zum Arbeiter leicht von einer tiefen Mutlosigkeit verbunden mit einem Gefühl der Ohnmacht erfasst. Es bedarf schon eines gehörigen Maßes an Reife und Lebenskunst, um ein Absinken des Selbstwertniveaus in dieser Situation zu vermeiden. Was Brachfeld hier zeitbedingt als typisches Problem der Arbeiterschaft beschreibt, gilt heute in den Zeiten der Globalisierung der Wirtschaft, in denen es zum typischen Finanzgebaren großer Unternehmen gehört, kostenträchtiges Personal abzubauen, beinahe für jeden Arbeitnehmer.

Minderwertigkeitsgefühle aller Art können einen starken Einfluß auf das Sexualleben des einzelnen nehmen. Deshalb wendet sich Brachfeld gegen die Tendenz, es als reine Privatangelegenheit zu betrachten. Das Sexualleben hat eine soziale Seite, wodurch dem Einzelnen Verantwortung auferlegt wird. Dennoch tun sich Eltern, Lehrer, Ärzte schwer, sich mit dem Sexualleben der ihnen anvertrauten Menschen zu befassen. „Unsere ersten Schritte in die Schule, in die ‘Gesellschaft‘ oder in den Militärdienst werden sorgfältig überwacht, aber niemand denkt daran, uns zu überwachen und zu leiten, wenn wir uns zum ersten Mal auf das gefährliche Meer der Liebe hinauswagen.“ Ernsthaft gemeinten Vorschlägen über die Notwendigkeit von Liebesschulen (theoretischer Art) werde immer nur mit „lächelnder Skepsis“ begegnet.

Die Ausführungen Brachfelds zum Verständnis der Homosexualität, seine Studien über die Tragödie der Männlichkeit im Fall Heinrich von Kleists, über den glühenden Verfechter der Homosexualität André Gide, über den „Baron“ von Vay und Rainer Maria Rilke, beide Opfer der Selbstsucht ihrer Eltern, die ihren Kindern die falsche Geschlechtsrolle aufzuzwingen suchten, zeugen sowohl von seiner psychologischen Feinfühligkeit und genauesten Kenntnis der einzelnen Biographien als auch von seiner menschlichen Anteilnahme am Leiden dieser Unglücklichen. Sowohl bei der Homosexualität als auch bei den genannten Persönlichkeiten erklärt Brachfeld die spezifischen Minderwertigkeitsgefühle und Ängste im Sexualleben der Betreffenden.

Anhand von Shakespeares Richard III., Rostands Cyrano von Bergerac und dem Dichter Byron erläutert Brachfeld die Psychologie der Mißgestalteten. Das Thema Minderwertigkeitsgefühl und Kompensation führt hier zu besonders interessanten, aber auch sehr erschütternden Ergebnissen. Der Konflikt des Entstellten mit der Gesellschaft, deren begünstigteren Mitgliedern gegenüber er sich unterlegen fühlt, ist die Basis seines dämonischen Charakters. Hier zeigt sich wieder der ganze Kenntnisreichtum Brachfelds in der europäischen Literatur.

Sehr erhellend sind auch die Überlegungen zur Rolle der Minderwertigkeitsgefühle bei der Psychogenese der Kunst. Beim Künstler haben wir es wie beim Neurotiker oder Kriminellen mit einem Menschen zu tun, der unter Minderwertigkeitsgefühlen leidet und deshalb Probleme mit den Lebensaufgaben Arbeit, Liebe und Gemeinschaft hat. Während der Neurotiker zu wenig für die Gemeinschaft tut und der Kriminelle sogar sozial schädliche Aktivitäten entfaltet, betreibt der Künstler eine sozial nützliche Tätigkeit. Er schafft ein Kunstwerk, das unabhängig von ihm wird und einen Eigenwert annimmt. Das vollendete Werk ist nach Brachfeld das einzige Kriterium, um den echten Künstler vom Dilettanten, der nichts Wertvolles produziert, zu unterscheiden. Beide können an denselben Minderwertigkeitsgefühlen leiden, möglicherweise sogar unter denselben Symptomen, beide dasselbe extravagante Auftreten haben. Das Kunstwerk hat ein Eigenleben, über das die Psychologie nichts aussagen kann, nur die Ästhetik. Ist das Produkt des an seiner Unzulänglichkeit in der Welt Leidenden aber ein Kunstwerk, das der Menschheit Freude und Erquickung bringt, so ist der Begriff der Neurose, der für den Unproduktiven gilt, nicht mehr zutreffend. Zu Lebzeiten der Betreffenden scheidet aber das Kunstwerk - ebenso wie auf anderen Gebieten die wissenschaftliche Entdeckung, das neue philosophische System - als objektives Kriterium aus, weil „so manches Genie bis zu seinem Tod von seinen Zeitgenossen verkannt worden ist" (S. 273).

Der Autor widmet sich auch der Frage, ob das Talent des genialen Künstlers durch Überkompensation entstehen kann, was etwa bei Beethoven und Clara Schumann, die an Ertaubung litten, naheliegt. Brachfeld kommt zu dem Ergebnis: Entscheidend ist das Maß von Interesse und Aufmerksamkeit für ein Gebiet der Kunst, zum Beispiel für Musik. Diese besondere Intensität des Interesses <u>kann</u> durch einen Organschaden hervorgerufen werden. Das muß aber nicht der Fall sein. Auch andere Faktoren können diese Faszination auslösen. Man kann demnach weder behaupten, daß eine organische Minderwertigkeit zwangsläufig zur Überkompensation führt, noch daß Überkompensation ausreichend ist, um künstlerische Vollendung zu erzeugen.

Brachfeld läßt es nicht bei der Untersuchung der Minderwertigkeitsgefühle beim einzelnen bewenden. Besondere Aufmerksamkeit zog das Buch auf sich wegen der Erörterung der kollektiven Minderwertigkeitsgefühle. Diese Ausweitung des Begriffs war zwar schon in Adlers Lehre angelegt; sie konnte aber erst von O. Brachfeld wegen seiner weitläufigen Kenntnisse in Sozialpsychologie, Soziologie, Völkerpsychologie und Kulturgeschichte in dieser Systematik und Ausführlichkeit vollendet werden.

Brachfeld geht vom Begriff des Ressentiments aus. Ein Ressentiment liegt vor, wenn man etwas nicht bekommen kann, und es deshalb als wertlos hinstellt, als etwas, das eine Bemühung nicht lohnt. Berühmt ist die Fabel vom Fuchs, der die Trauben sauer nennt, weil er nicht an sie herankommt. Das Ressentiment darf nicht mit dem ihm zugrundeliegenden Minderwertigkeitsgefühl verwechselt werden. Während das Minderwertigkeitsgefühl eine Selbstverkleinerung darstellt, ist die Entwertung beim Ressentiment gegen andere gerichtet und geht oft mit der Einbildung persönlicher Überlegenheit einher. Das Ressentiment ist eine Form der Kompensation für ein Minderwertigkeitsgefühl.

Um herauszufinden, wie das Ressentiment vom Individuum auf andere, auf die Gruppe übergreift, untersucht Brachfeld zunächst, wie sich das Minderwertigkeitsgefühl vom einen auf den anderen überträgt. Zum einen kann eine gemeinsame Gefahr für jeden einzelnen einer Gruppe von Menschen ausreichen, um in der Gemeinschaft als solcher ein kollektives Minderwertigkeitsgefühl zu erzeugen. Zum anderen kann es ein bloßes Faktum sein wie die Zugehörigkeit zu einer bestimmten Rasse, Kaste oder sozialen Schicht. In Abwandlung von Stendhals Wort „Anderssein erzeugt Haß“ sagt Brachfeld: „Anderssein erzeugt Minderwertigkeitsgefühle“. Beispiele sind nationale Minderheiten, „die Armen“, die Juden, die Farbigen usw.

Millionen Menschen leiden unter Minderwertigkeitsgefühlen, nur weil andere ihnen gegenüber ein Vorurteil wegen ihrer Hautfarbe haben - sei sie nun schwarz, gelb, dunkel oder gemischt. Dabei hat Brachfeld eine merkwürdige Gesetzmäßigkeit entdeckt: Je geringer der Unterschied ist, der zwei Gruppen voneinander trennt, desto größer ist der gegenseitige Haß. So leiden zum Beispiel Mischlinge im allgemeinen viel stärker an Minderwertigkeitsgefühlen als Farbige, weil das trennende Moment im Verhältnis zu den Weißen der Unterschied in der Hautfarbe geringer ist.

In der Weltliteratur gibt es eine Fülle von Darstellungen rassisch bedingter Minderwertigkeitsgefühle und der Tragödien, die dadurch heraufbeschworen werden. Erinnert sei nur an die eindrücklichste Darstellung: Othello von Shakespeare. Brachfelds Untersuchungen zeigen aber, daß nicht die Farbe die Minderwertigkeitsgefühle erzeugt, sondern der Unterschied, wobei auch der Unterschied in der Zahl eine Rolle spielt, das heißt die Zugehörigkeit zu einer Minderheit. Auch ein Weißer oder eine kleine Gruppe Weißer, die unvermutet in eine Vielzahl von Angehörigen einer farbigen Rasse geraten, werden von ähnlichen quälenden Gefühlen befallen. So kommt Brachfeld zu der These: "Angehörige einer Minderheit leiden immer an kollektivem Minderwertigkeitsgefühl gegenüber den Angehörigen einer Mehrheit" (S. 291).

Die Analyse des jüdischen Minderwertigkeitskomplexes wie auch der Minderwertigkeitsgefühle der Schwarzen gehört zu den interessantesten Passagen des Buches. Beim jüdischen Minderwertigkeitskomplex handelt es sich um „Minderwertigkeitsgefühle einer äußerst verschieden und unterschiedlich zusammengesetzten Minderheit, die in verschiedener Dichte über die ganze zivilisierte Welt hin verstreut ist" (S. 292). Obwohl der Kreis der gedemütigten und verfolgten Juden eine enorme Vielfalt aufweist - reich, arm, groß, klein, gebildet oder auf einer primitiven Kulturstufe - zeigen sie alle die bereits beschriebenen Symptome. Die Juden waren im Lauf ihrer Geschichte immer bereit, „sich den bestehenden Mächten unterzuordnen und ihnen mit ihrer unbezweifelbaren wirtschaftlichen Begabung zu dienen" (S. 296). Selten war das aus ihrem Minderwertigkeitskomplex entstandene Ressentiment so heftig, daß sie gegen diese Mächte opponierten.

Seit der französischen Revolution findet sich bei ihnen die Tendenz, sich an die Völker und Religionen ihrer Umgebung zu assimilieren. In England, Frankreich und Deutschland wären die Juden durch Assimilation vollständig verschwunden, wenn sich ihre Zahl nicht durch Zuwanderungen wieder erhöht hätte. Wohlhabende Juden neigen zur Assimilation, „weil ihre Minderwertigkeitsgefühle bereits durch ihren Reichtum kompensiert sind", während die ärmeren Juden, deren Minderwertigkeitskomplex aufgrund ihrer unsicheren wirtschaftlichen und sozialen Lage verstärkt ist, „ihre Kompensation in einer betonten Zugehörigkeit zum Judentum finden" (S. 297). Sie haben ein doppeltes Ressentiment: gegen die nichtjüdische Mehrheit, die sie umgibt, und gegen die reichen und besonders die assimilierten Angehörigen der eigenen Rasse. In den jüdischen Witzen hat dieses Ressentiment seinen originellen Ausdruck gefunden.

Minderwertigkeitsgefühle lösen oft Schuldgefühle aus, die dann unter Umständen dazu führen, daß Juden durch unbewußtes Arrangement selbst Antisemitismus erzeugen. Brachfeld findet hier einen von Adler entdeckten neurotischen Schachzug, bei dem der einzelne durch Provozieren von geeigneten Erlebnissen seine neurotische Haltung zu bestätigen sucht, auf kollektiver Ebene wieder.

Zusammenfassend meint Brachfeld, daß der Antisemitismus - wie die Negrophobie - allen Gesetzen der Psychologie der Minderheiten gehorcht: Bildung eines individuellen und kollektiven Minderwertigkeitskomplexes bei der Minorität, der entweder zum positiven Ergebnis der Überkompensation oder zum negativen Ergebnis der Unterkompensation führt. Dennoch gilt für jeden Schwarzen oder Juden entsprechend ihrer individuellen Verschiedenheit eine andere Psychologie. Das Ressentiment stellt sich hauptsächlich dann ein, wenn der Einzelne sich von Personen geschädigt fühlt, denen er jeden Anspruch auf Überlegenheit aberkennt. Da sich Juden anderen gegenüber fast immer für überlegen einschätzen, lastet ihre sozial gedrückte Stellung um so schwerer auf ihnen. „Je mehr sich die Juden von Mitteleuropa dem Stand völliger Gleichheit näherten, je höher die Stellungen, die sie im Staat, in der Armee und an den Universitäten bekleideten, desto stärker wurde gemäß dem 'Gesetz der kleinen Unterschiede' ihr unbewußtes Ressentiment" (S. 301).

Die Theorie der Minderwertigkeitsgefühle ist auch der Schlüssel für die Lösung der Frage, warum die Juden seit dem 18. und besonders seit Ende des 19. Jahrhunderts eine viel größere Rolle im Leben der modernen Gesellschaft spielen, als ihrem zahlenmäßigen Anteil zukommt - was übrigens auch für zahlreiche andere Minderheiten gilt. In all diesen Fällen bringen Minderheiten es durch ihr Kompensationsbedürfnis zu höheren Leistungen als die Mehrheiten um sie her, die sich im Vertrauen auf ihre Stellung damit begnügen, sich auf ihren Lorbeeren auszuruhen. Ursprünglich sind die Angehörigen dieser Minderheiten nicht begabter als die der Mehrheit. Aber da ihnen auf ihrem Lebensweg größere Schwierigkeiten begegnen, wird auch ihre Suche nach „Bedeutung" intensiver, und unter dem Druck dieser Umstände leisten sie mehr als die, die keine Minderwertigkeitsgefühle und es daher leichter haben.

Brachfeld betrachtet seine Versuche, die Adlersche Psychologie auf das Gebiet der Völkerpsychologie auszudehnen, mangels verlässlicher Angaben über die Profile des individuellen Minderwertigkeitsgefühls und des Gemeinschaftsgefühls bei einer gegebenen Nation als nicht abgeschlossen. Er beklagt, dass „Nationen sich selbst und einander jeweils unter einem abstrakten Schema sehen, das fast ganz ohne eigentlichen Wert ist und immer auf vorschnellen Verallgemeinerungen beruht." Dabei überwiegen Karikaturen: „John Bull, Marianne, Onkel Sam, der deutsche Michel, Juan Espanol usw" (S. 305).

Ähnlich umfassend und einfühlsam ist das Bild, das Brachfeld von den Minderwertigkeitsgefühlen der amerikanischen bzw. gebildeten afrikanischen Farbigen sowie der Hispanoamerikaner zeichnet. Besonders aufschlussreich ist die Analyse des Minderwertigkeitskomplexes der Spanier, eines Volkes, das Brachfeld aus eigenem langjährigem Erleben genau kennt. Er diagnostiziert auch einen amerikanischen Minderwertigkeitskomplex und widmet dem deutschen Minderwertigkeitskomplex das abschließende Kapitel.

Die deutsche Katastrophe - Nationalsozialismus und Zweiter Weltkrieg - wird u.a. auf ausgeprägte Minderwertigkeitsgefühle bei den NS-Machthabern wie auch beim „kleinen Mann" zurückgeführt, denn „ein übersteigerter Nationalismus ist nicht das Ergebnis überschäumender nationaler Lebenskraft, sondern erwächst im Gegenteil aus einem nationalen Elendsgefühl" (S. 317). Der Nationalsozialismus mit seiner Rassentheorie stellt eine Kompensation für den tiefsitzenden Minderwertigkeitskomplex der Deutschen dar, der im Jahrhundert nach dem 30jährigen Krieg einsetzte, als Deutschland vom „Kulturerzeuger" zum „Kulturempfänger" wurde, und seine stärkste Ausprägung nach dem 1. Weltkrieg erfuhr, als es Deutschland nicht gelang, das Niveau der Westmächte zu erreichen. Die modernen Medien Funk und Presse machten es möglich, daß sich die Komplexe eines Einzelnen (Hitlers) mit den Minderwertigkeitsgefühlen eines ganzen Volkes verbinden konnten.

Nur unter dem Vorbehalt einer Arbeitshypothese kommt Brachfeld zu dem Ergebnis, dass „das kollektive Minderwertigkeitsgefühl als Prinzip historischer Deutung" zu betrachten ist. „So wird der Begriff des Minderwertigkeitsgefühls zu einem geschichtsphilosophischen Prinzip" (S. 321), was auch Adlers Auffassung war. Der Autor schließt die Untersuchung der kollektiven Minderwertigkeitsgefühle mit einem Zitat aus Adlers *Sinn des Lebens:* „So wie der Säugling in seinen Bewegungen das Gefühl seiner Unzulänglichkeit verrät, das unausgesetzte Streben nach Vervollkommnung und nach Lösung der Lebensanforderungen, so ist die geschichtliche Bewegung der Menschheit als die Geschichte des Minderwertigkeitsgefühls und seiner Lösungsversuche anzusehen. Einmal in Bewegung gesetzt, war die lebende Materie stets darauf aus, von einer Minussituation in eine Plussituation zu gelangen" (Adler 1933, S. 68).

Obwohl O. Brachfeld zahlreiche Bücher und Abhandlungen verfasst hat, ist das Buch *Minderwertigkeitsgefühle beim Einzelnen und in der Gemeinschaft* sicher sein bedeutendstes Werk, durch das er zum einen den Begriff weiterentwickelt und Adlers Individualpsychologie ausgebaut hat, und zum anderen in der Fachwelt berühmt geworden ist. Gleichzeitig stellt das Buch im Hinblick auf seine persönlichen Erfahrungen der Diskriminierung als Halbjude eine bewundernswerte Sublimierung dar, indem er diese Thematik auf höherer, wissenschaftlicher Ebene allgemeingültig erforscht. Nicht nur in diesem Werk hat Brachfeld den Anstoß weiterverfolgt, den A. Adler mit seiner Idee von der sozialen Bezogenheit des Individuums in Richtung einer neuen Lehre vom Menschen gegeben hat, in der Psychologie, Soziologie und Biologie/Medizin zusammengefaßt werden. Auch die Gründung des Instituto de Psicosíntesis y Relationes Humanes an der Anden-Universität in Mérida und zahlreiche Veröffentlichungen zeugen von seinem Engagement für dieses Ziel. In Brachfelds Einstellung zur (katholischen) Religion finden wir vieles wieder, was für den späten Adler und sein mit dem Pfarrer Jahn herausgegebenes Buch *Religion und Individualpsychologie* gilt, nämlich die Neigung, Übereinstimmungen zwischen Religion und Individualpsychologie hervorzuheben, in dem Bestreben, religiösen Menschen den Zugang zur Individualpsychologie zu ermöglichen. Bei Brachfeld mag darüber hinaus noch mitgewirkt haben, die von ihm so geschätzte Lehre seines Meisters mit seiner eigenen religiösen Überzeugung in Einklang zu bringen. Wenn Brachfeld meint, der Erwartung Adlers, seine Lehre in Richtung der Geisteswissenschaften auszubauen, „nur in recht bescheidenem Maße Genüge geleistet zu haben“ (Brachfeld 1953, 16), so scheint dies eine ähnliche Untertreibung zu sein wie seine Einschätzung am Ende seiner sorgfältigen und systematischen Untersuchung der kollektiven Minderwertigkeitsgefühle, daß die meiste Arbeit hinsichtlich der Analyse der Selbstwertgefühle auf sozialem Gebiet noch zu tun bleibe (ders. 1953, 338). Am meisten beeindruckt seine Treue zu Adler trotz seines Herumirrens in der Welt und sein unermüdlicher Einsatz für die Verbreitung seiner Lehre. Adlers Forderung „Leben ist Verantwortung für die Gemeinschaft“ hat Brachfeld nicht nur verkündet, sondern vorgelebt.

Minderwertigkeitsgefühle - ihre seelischen Hintergründe und ihre Überwindung

Das Konzept der Minderwertigkeitsgefühle und ihrer Kompensation ist ein Kernstück der Individualpsychologie Alfred Adlers. Das Wort „Minderwertigkeitsgefühl" ist sehr populär, nicht nur in der Tagespresse, auch im Alltagsgespräch wird es sehr oft verwendet. Auch das Wort „Kompensation" ist dem Laien inzwischen geläufig. Aber kaum jemand kennt den psychologischen Hintergrund, geschweige denn die Individualpsychologie Alfred Adlers, aus der diese Begriffe stammen. Was Minderwertigkeits-gefühle sind, werden wahrscheinlich die meisten von Ihnen wissen. Es sind unangenehme Gefühle der Unzulänglichkeit, der Ohnmacht und des Selbstzweifels, etwa mit dem Inhalt „Ich bin nichts wert", „Ich kann nichts, weiß nichts", Die anderen sind immer besser, schöner, klüger als ich", „Niemand mag mich", „Ich sehe nicht gut aus", „Ich bin zu klein, zu groß, zu dick" usw. Die Bedeutung des Begriffs „Kompensation" wird Ihnen vielleicht weniger bekannt sein. Kompensation heißt Ausgleich, Überwindung der Minderwertigkeitsgefühle.

Bevor ich beginne, möchte ich kurz darlegen, wie ich bei diesem weitgespannten Thema vorgehen will: Zunächst will ich einige Bemerkungen aus anthropologischer Sicht über den Zusammenhang zwischen Minderwertigkeitsgefühlen und der Natur des Menschen machen. Nachdem ich einige Komponenten des Minderwertigkeitsgefühls benannt habe, werde ich die Minderwertigkeitsgefühle und das Streben nach deren Überwindung beim gesunden Menschen darstellen – gewissermaßen als Maßstab dafür, wie diese Gefühle bei gelingender seelischer Entwicklung aufgearbeitet werden. Nach einem Exkurs mit Beispielen für Überkompensation spreche ich dann über die vertieften Minderwertigkeits-gefühle oder Minderwertigkeitskomplexe und zeige, wie sie entstehen und wie hier die Kompensation fehlschlägt. Abschließend sage ich einiges zur Therapie der vertieften Minderwertigkeitsgefühle.

Es ist keineswegs so, dass Minderwertigkeitsgefühle nur bei einigen wenigen vorhanden sind. Im Gegenteil, alle Menschen haben Minderwertigkeitsgefühle, die ihr Denken und Handeln beeinflussen. „Mensch sein heißt, sich minderwertig fühlen" - das ist eine der bedeutendsten Erkenntnisse von Alfred Adler. Es sind

Gefühle, die so nur beim Menschen vorkommen. Diese seelische Tatsache ist auch schon vor Adler in Philosophie und Literatur thematisiert worden, zum Beispiel von französischen Moralisten wie Montaigne, Rousseau, Vauvenargues, und Dichtern wie Shakespeare, Stendhal u.a.

Das hat der bedeutende Adler-Schüler Oliver Brachfeld in seinem Buch *Minderwertigkeitsgefühle beim Einzelnen und in der Gemeinschaft* sehr detailliert aufgezeigt. Dieses Buch ist übrigens die umfassendste Abhandlung, die es zur Zeit über Minderwertigkeitsgefühle gibt, und sehr interessant geschrieben. Auch bei meinem Vortrag stütze ich mich weitgehend auf diese Monographie von Oliver Brachfeld.

In der Psychologie gibt es ebenfalls einen Vorläufer, den Franzosen Pierre Janet, dessen *sentiment d'incomplétude* (Gefühl der Unvollständigkeit) Adlers Begriff des Minderwertigkeitsgefühls nach dessen eigener Aussage sehr nahekommt.

Adlers „schönster und fruchtbarster Gedanke" ist nach Oliver Brachfeld (1953, 15) aber nicht das Minderwertigkeitsgefühl, sondern der Gedanke der Kompensation: Das brennende Gefühl der Unsicherheit und Schwäche erzeugt beim Menschen ein Streben nach Geltung, Überlegenheit und Macht.

Wenn Adler also sagt: „Mensch sein heißt, Minderwertigkeitsgefühle haben und nach Überlegenheitssituationen streben", meint er damit, daß beides in der Natur des Menschen liegt. Das wollen wir genauer untersuchen. Der Mensch hat im Gegensatz zum Tier keine bzw. nur sehr verkümmerte Instinkte. Das Tier wird von seinen angeborenen Instinkten sicher durch seine Umwelt geleitet. Instinkt ist ein unbewußtes, arteigenes Verhalten und Wissen. Es wird durch Umweltreize ausgelöst und funktioniert automatisch. Das Tier ist lebenslänglich an sein Verhaltensschema gebunden. Anpassungen an veränderte Umweltbedingungen sind nur in engen Grenzen möglich. Demgegenüber ist der Mensch, wie Herder sagt, der erste „Freigelassene der Natur". Ihm ist kein Lebensplan vorgegeben; er muß ihn selbst suchen. Dies bringt den unschätzbaren Vorteil des Lernenkönnens und der Fähigkeit mit sich, Kultur zu schaffen, also Sprache, Schrift, Wissenschaft, Technik, Kunst usw. Die Kehrseite ist, dass er zu Beginn seines Lebens ohne das Wissen dasteht, wie er sein Leben bewältigen soll. Alles muss erst einmal gelernt werden. Die Vorteile gegenüber der Tierwelt – Geist und Selbstbewusstsein – entwickeln sich erst im Laufe einer langen Kindheit, in der er hilflos und abhängig von Betreuung ist. Sein Selbstbewusstsein bringt nicht nur das Wissen um den unvermeidbaren Tod mit sich, sondern auch eine Vorstellung von der Schwierigkeit der Lebensaufgaben, deren Lösung den mühevollen Erwerb von Kenntnissen und Fähigkeiten voraussetzt. So kommt es, daß der instinktentbundene Mensch seine Freiheit zunächst – mit einem Wort Heideggers – als „Daseinsangst", d.h. als Minderwertigkeitsgefühl erlebt.

Ich möchte zunächst einige Komponenten des Minderwertigkeitsgefühls aufzeigen:

1.) Der Mensch bleibt immer wieder hinter seinen Möglichkeiten zurück. Auch wenn er an einem Tag seine Möglichkeiten realisiert hat und einen Erfolg verbuchen kann, steht er am nächsten Tag wieder vor einer neuen Aufgabe, die er anpacken muss. Immer wieder aufs Neue gibt es diese Bewegung von der Unvollkommenheit zur Vollkommenheit. Zu Beginn jeder neuen Aufgabe muss das Gefühl der Unvollkommenheit erst einmal überwunden werden. Albert Camus hat sich mit dieser absurden Situation des Menschen in seiner Schrift „Der Mythos von Sisyphos" auseinandergesetzt.

2.) Eine weitere Komponente des Minderwertigkeitsgefühls ist das Verhältnis zum Mitmenschen. Jean Paul Sartre hat aufgezeigt, wie sehr die scheinbar souveräne Stellung des Menschen durch den Mitmenschen beeinträchtigt wird. Wenn man sich allein in einer Landschaft bewegt, ist man scheinbar der Mittelpunkt der Welt. Solange man nur von Dingen umgeben ist, kann man sich als Subjekt, d.h. souverän fühlen. Kaum taucht aber ein anderer Mensch auf, so „stiehlt" einem dieser die Zentralstellung. Vor allem, wenn er mich anblickt, kann er mich zum Objekt machen. Er kann allerlei über mich denken und mich beurteilen. Hier liegt ein Unsicherheitsfaktor im Menschenleben. Wir haben Angst vor Blick und Urteil des Mitmenschen.

3.) Zu diesen gattungsbedingten Quellen der Minderwertigkeitsgefühle kommen noch soziale, geschichtliche, ökonomische und biologische Einflüsse als Ursprung von Minderwertigkeitsgefühlen hinzu. So fühlt sich die Frau minderwertig, weil sie von der patriarchalischen Gesellschaft als „das andere Geschlecht" angesehen wird – ein Begriff von Simone de Beauvoir. Aber auch der Mann steht in dieser Gesellschaft mächtig unter Leistungsdruck und muß mehr scheinen als er wirklich ist. Ebenso können Krieg und Vertreibung, Armut und Not Ursache von Minderwertigkeitsgefühlen sein.

4.) Hauptgegenstand der Psychologie und Psychotherapie sind Minderwertigkeitsgefühle im individuellen Bereich. Sie können durch Organminderwertigkeit – Kleinwuchs, Großwuchs, Organfehler aller Art, Krankheiten usw. – entstehen. Von großem Einfluss sind Erziehungsstil und Persönlichkeit der Eltern. Ungünstig kann sich auch die Stellung in der Geschwisterreihe – Jüngster, Ältester, Einzelkind – auswirken. Alles kann Minderwertigkeitsgefühle hervorrufen; vor allem im Kindesalter ist man dafür anfällig, aber auch in späteren Lebensaltern. Man kann z.B.

Minderwertigkeitsgefühle empfinden, weil man mit seinem Äußeren nicht zufrieden ist, wenn etwa Fehler an Augen oder Ohren vorliegen, weil man über die Form der Nase unglücklich ist, weil man glaubt, dass die Eltern zu arm oder zu reich, zu ungebildet oder sozial ungeschickt sind, weil ein Geschwister oder Mitschüler oder Nachbar mehr Erfolg hat, weil man glaubt, in der Gesellschaft anderer Menschen nicht genügend beachtet zu werden oder umgekehrt, weil man zu sehr in einer merkwürdigen, vermutlich abschätzigen Weise beachtetet wird. Sie sehen, man könnte diese Aufzählung endlos fortsetzen. Es gibt Fälle, in denen objektiv gesehen Minderwertigkeiten vorliegen, aber keine Minderwertigkeitsgefühle entstehen. Umgekehrt begegnet man in zahllosen Fällen Minderwertigkeitsgefühlen, für die objektiv kein Grund besteht. So sagt Adler, dass wir nicht von Tatsachen, sondern von unserer Meinung über Tatsachen beeinflusst werden. Ich werde darauf noch zurückkommen.

Minderwertigkeitsgefühle können auf sehr verschiedene Weise zum Ausdruck kommen. Adler hat dies mit einer Anekdote von drei Kindern veranschaulicht, die sich zum ersten Mal im Zoo exotische Tiere anschauen. Als sie vor dem Löwenkäfig stehen, versteckt sich das eine hinter der Mutter und sagt: „Ich möchte heimgehen". Das zweite Kind bleibt stehen, sehr blass und zitternd, und sagt: „Ich fürchte mich nicht ein bisschen." Das dritte starrt den Löwen grimmig an und fragt die Mutter: „Soll ich ihn anspucken?" In Wirklichkeit, sagt Adler, fühlten sich alle drei Kinder unterlegen, aber jedes drückte seine Gefühle entsprechend seinem Charakter anders aus. Besonders interessant ist das Beispiel des dritten Kindes. Es zeigt, dass sich auch hinter einer scheinbar überlegenen Haltung Minderwertigkeitsgefühle verbergen können.

Bis zu einem gewissen Grad haben wir also alle Minderwertigkeitsgefühle, weil wir keine vollkommenen Menschen sind, sondern uns alle auf irgendeine Weise in einer Lage befinden, die wir verbessern möchten. Wenn wir uns seelisch gesund entwickelt haben, haben wir genug Geschicklichkeit und Mut, um uns von diesen Gefühlen durch sinnvolles Handeln zu befreien. (Adler 1931, 49) Wenn alle Menschen Minderwertigkeitsgefühle haben, dann können sie an sich nichts Krankhaftes sein. Im Gegenteil, sie sind die Ursache aller Verbesserungen der Lage der Menschheit. Zum Beispiel der Fortschritt in der Wissenschaft kommt dadurch zustande, dass die Menschen ihre Unwissenheit schmerzlich empfinden und ein Bedürfnis entwickeln, für die Zukunft besser vorzusorgen. Das tief empfundene Manko führt zu Bemühungen, mehr von der Natur und vom Universum zu wissen, um ihren Kräften nicht ausgeliefert zu sein, sondern sie in einem größeren Umfang zu beherrschen. Andererseits, wenn wir über alles im Bilde wären, alles wüssten, wenn es keine weiteren Schwierigkeiten mehr gäbe, wäre das Leben vermutlich sehr eintönig. Die Zukunft böte keine Überraschungen mehr für uns. Der Mangel an Gewissheit und Vollkommenheit, den wir überall spüren, bildet gewissermaßen den Reiz, den das Leben für uns hat.

Wie entsteht nun das Minderwertigkeitsgefühl zu Beginn des Lebens und wie kommt es zur Kompensation? Das neugeborene Kind ist wegen seiner Unbeholfenheit völlig auf die Betreuung durch ihm nahestehende Menschen angewiesen. Auch nach der Entwöhnung hat das Kleinkind vielfältige Lernprozesse zu bewältigen, wie zum Beispiel den aufrechten Gang, die Beherrschung der Körperfunktionen, an deren Anfang immer die schmerzlich empfundene Situation des Nichtkönnens steht. In die Umgebung von Erwachsenen gesetzt, die in der Bewältigung alltäglicher Anforderungen geübt sind, nimmt das Kind nach und nach seine Unbeholfenheit und Abhängigkeit von den Betreuungspersonen wahr. So entsteht nach Adler am Beginn jedes seelischen Lebens das Minderwertigkeitsgefühl. Es ist die treibende Kraft, von der die Bestrebungen des Kindes ausgehen, diesen Zustand zu überwinden. Adler sagt hierzu: „Von diesem Standpunkt einer niedrigen Selbsteinschätzung aus ... spannt die kindliche Psyche Gedankenfäden zu den Zielen seiner Sehnsucht. ... Das Ziel, groß zu sein, stark zu sein, ein Mann, oben zu sein, wird in der Person des Vaters, der Mutter, des Lehrers, ... des Lokomotivführers usw. symbolisiert, und das Gebaren, die Haltung, identifizierende Gesten, das Spiel der Kinder und ihre Wünsche, Tagträume und Lieblingsmärchen, Gedanken über ihre zukünftige Berufswahl zeigen uns an, daß die Kompensationstendenz am Werke ist und Vorbereitungen für die zukünftige Rolle trifft.“ (Adler 1912, 57)

Was Arnold Toynbee für den Bereich Geschichte festgestellt hat, nämlich dass sie nach dem Prinzip „challenge and response“, also Herausforderung und Antwort, arbeitet, gilt auch für das Leben des einzelnen. Die Minussituation am Beginn des Lebens ist die Herausforderung. Und jeder einzelne gibt darauf je nach den Gegebenheiten eine andere Antwort. Erziehungsstil und Persönlichkeiten der Eltern, Stellung in der Geschwister-reihe, soziale und ökonomische Umstände usw. werden individuell in der Reaktion verarbeitet. So kompensieren wir alle, um die anfängliche Minderwertigkeit zu überwinden. Besonders Schwellensituationen wie die Geburt von Geschwistern, der erste Schultag, neue Lehrer, ein Umzug der Familie usw. verlangen vom Kind eine „Antwort“ auf die veränderte Situation. Aus der Dialektik zwischen neuen Situationen und Antworten des Kindes entsteht sein Lebensstil. Lebensstil ist eine individuelle Art, auf die Umwelt zu reagieren, etwa ängstlich, zögernd, passiv, mutig, ehrgeizig, kämpferisch usw.

Der Lebensstil ist geprägt vom Ziel der Überlegenheit: jeder ist bemüht zu gelten, d.h. Situationen der Unterlegenheit zu meiden und solche der Überlegenheit zu erreichen. Selbstwertgefühl zu besitzen, sich „bedeutend“ zu fühlen: das ist das Geheimnis der Seele. Nun kann das Ziel der Überlegenheit vielerlei Gestalt annehmen: „ein ganzer Mann sein“, „reich werden“, „erfolgreich sein“, „lieben und schöpferisch werden“ usw. Es besteht aber auch die Möglichkeit, negative Ziele zu wählen, da auch diese Macht über die Menschen einbringen. Entmutigte und ungeliebte Menschenkinder können sich etwa halb-bewusst wie Shakespeares Richard III. vornehmen, „ein Bösewicht zu werden“, zu hassen, zu zerstören, die Einfügung in die Kultur zu verweigern und ein Aussteiger zu werden usw. Schließlich kann man auch durch Leiden, Dienen, Selbstaufgabe und Selbsterniedrigung Aufmerksamkeit auf sich ziehen und Geltung, ja sogar Macht erlangen. Ein solches Abirren des Geltungsstrebens in Richtung asozialer oder irrealer Macht-Fiktionen ist für das vertiefte Minderwertigkeitsgefühl bezeichnend, auf das ich noch zu sprechen komme. Solange das Kind das Ziel der Überlegenheit nicht auf Kosten, sondern im Einklang mit seiner sozialen Umgebung zu verwirklichen sucht, ist auch Raum für seine Geltung vorhanden, ohne dass ein Widerspruch zur Umwelt auftritt. Das ist z.B. bei der beruflichen Arbeit der Fall. Man leistet einen Beitrag, der irgendwie der Allgemeinheit zugutekommt und erringt dabei auch - wenn man tüchtig ist - Ansehen und Selbstachtung.

Das Minderwertigkeitsgefühl löst also nach Adler zwangsläufig ein kompensatorisches Streben nach Überlegenheit, Geltung und Macht aus. Diese beiden seelischen Regungen sind miteinander verkoppelt wie siamesische Zwillinge. Durch das Bestreben, die quälenden Gefühle der Unzulänglichkeit und Unsicherheit zu überwinden, entsteht eine Dynamik, die nach Adler der Motor des Seelenlebens ist.

Wie sieht nun die Kompensation von Minderwertigkeitsgefühlen beim sog. gesunden Menschen aus? Die gesunde Reaktion auf Gefühle der Unzulänglichkeit oder Minderwertigkeit ist das Bestreben, Kenntnisse, Fähigkeiten und Fertigkeiten zu erwerben, also zu lernen. Entscheidend ist hier, dass Lernprozesse eine soziale Basis haben. In Familie, Kindergarten, Schule lernt das Kind durch Mitfühlen, Mitdenken, Mitsprechen und Mitmachen. Wir lernen da am besten, wo wir lieben. In der Schule haben wir am meisten von <u>den</u> Lehrern gelernt, die wir mochten. Die Bedeutung der Vorbilder für das Lernen ist unbestritten. All das zeigt die Bedeutung des Gefühls der Verbundenheit mit anderen Menschen für das Lernen. Adler spricht hier von „common sense“ oder Gemeinschaftsgefühl. Wer das Lernen gelernt hat, findet zunehmend befriedigendere Lösungen für die Schwierigkeiten, vor die ihn das Leben stellt. Von Lösungen zunächst einfacher Aufgaben kann er voranschreiten zur Bewältigung größerer Schwierigkeiten. Die gelingende Anpassung an die Realität kommt in einer zunehmend optimistischen Stimmungslage zum Ausdruck. Es entwickeln sich Mut, Offenheit, Verlässlichkeit und Zuversicht. So kann auf die Dauer an die Stelle des Minderwertigkeitsgefühls ein Selbstwertgefühl treten.

Wir haben schon einiges zum Phänomen der Kompensation zusammengetragen. Leib und Seele streben energisch den Ausgleich an. Manchmal ist das Streben nach Überwindung so intensiv, dass es zu erstaunlichen Leistungen kommt. Wir sprechen dann von Überkompensation. Zur Verdeutlichung möchte ich einige Beispiele für Überkompensation aus dem Bereich der Organminderwertigkeiten bringen. Schlechte Augen können dazu führen, dass sich die davon betroffenen Menschen besonders intensiv mit dem Sehen befassen und in diesem Bereich zu Künstlern werden: Adolph Menzel war z. B. stark kurzsichtig, Albrecht Dürer schielte, der Maler Franz von Lenbach hatte nur ein Auge. Gehörfehler können die Musikalität fördern: Beethoven und Smetana litten an Ertaubung. Klara Schumann berichtet über Mängel ihrer Hörfähigkeit in ihrer Jugend; auch bei den Ohren Mozarts und Bruckners hat man eine degenerative Anlage gefunden. Ein besonders interessantes Beispiel aus dem Sprachbereich ist der Redner Demosthenes aus der Antike, der stotterte und kein L aussprechen konnte. Er übte mit Kieselsteinen im Munde so lange, bis er der größte Redner Griechenlands wurde. Ein weiteres Beispiel ist der Dichter Lord Byron, der einen Klumpfuß hatte. Er war nicht nur in der Schule der beste Turner, sondern hat später den Hellespont durchschwommen (die Meeresstraße zwischen Griechenland und Kleinasien). Der größte Triumph über minderwertige Organe ist wohl Helen Keller gelungen, die als Kleinkind taub und blind wurde, sich aber aufgrund der Betreuung durch eine einfühlsame Erzieherin so gut entwickelte, dass sie später studieren, Vorträge halten und ihre Lebensgeschichte niederschreiben konnte.

Der kompensatorische Prozess muss keineswegs notwendigerweise zu derart erfreulichen Überkompensationen führen. Viel hängt von den Bedingungen ab, unter denen der Betreffende aufwächst, und von der Einstellung, die er in bezug auf seinen tatsächlichen oder nur empfundenen Mangel entwickelt.

Wir haben uns bisher immer noch in der Psychologie der Normalen, also der seelisch gesunden Menschen, bewegt. Sie hatten

1. das Glück, von Erziehern angeleitet worden zu sein, die „dem bewussten oder unbewussten Impuls folgten, dem Kind aus seiner Unsicherheit herauszuhelfen, es für das Leben mit Geschicklichkeit, Wissen, geschultem Verständnis und mit Gefühl für andere auszustatten“ - so Adler (1927, S. 75).

2. hatten sie das Glück, sich als Kind subjektiv bei ihrer Selbsteinschätzung nicht wesentlich geirrt zu haben; denn der Wirkungsgrad des Minderwertigkeitsgefühls hängt weitgehend von der Meinung des Betreffenden ab (Adler a.a.O).

In der therapeutischen Praxis haben wir es vorzugsweise mit sog. vertieften Minderwertigkeitsgefühlen oder „Minderwertigkeitskomplexen" zu tun. Die vertieften Minderwertigkeitsgefühle sind meist Folge falscher Erziehungsmethoden wie Verwöhnung, Härte oder Lieblosigkeit, Angsteinflößung oder Diskriminierung von Seiten der Umgebung, Aufwachsen im Schatten von begünstigten Geschwistern, Überforderung usw. Solche ungünstigen Bedingungen in der Kindheit können aus dem ursprünglich bei allen Menschen vorhandenen Minderwertigkeitsgefühl einen Minderwertigkeitskomplex machen, der alle günstigen seelischen Entwicklungen blockiert. Je intensiver das Gefühl der Unzulänglichkeit in der frühen Kindheit empfunden wird, umso weniger kann das Kind soziale Verbundenheit, Kontaktfähigkeit und Mitmenschlichkeit einüben und umso irrealer, unsozialer und weltfremder werden seine kompensatorischen Größenziele. Aus dem sich minderwertig fühlenden Kind wird oft ein sich minderwertig fühlender Erwachsener, ein kontaktarmer, pessimistischer, phlegmatischer Mensch, psychologisch gesehen ein entmutigter Menschentypus, dem es schwerfällt, das Leben zu gestalten und – was das Schlimmste ist - der sich von den Mitmenschen durch Abgründe getrennt fühlt.

Ein Beispiel mag die verhängnisvolle Wirkung von Verwöhnung bzw. Verzärtelung veranschaulichen:

Mit Lisa gibt es immer Schwierigkeiten in der Schule. Sie stört den Unterricht, spricht dazwischen, neckt ihre Nachbarinnen, ärgert die Lehrerin, kann sich nicht konzentrieren. Zu Hause jedoch ist sie die Liebenswürdigkeit in Person, das brave, gute Kind. Als die Eltern wegen des schlechten Benehmens ihrer Tochter in die Schule gerufen werden, sind sie sehr entrüstet. „Aber unsere Lisa ist stets lieb und artig. Wir können uns ihr Betragen hier nicht erklären." Bei dem Berater beklagen sich die Eltern, dass Lisas Unart in der Schule die Schuld der Lehrerin sein muss. Wie erklärt sich nun dieses scheinbar gegensätzliche Verhalten des Kindes? Der Berater zeigt den Eltern, dass Lisa immer ihrem Ziel zustrebt, im Mittelpunkt zu stehen. Zu Hause ist sie der Mittelpunkt. Als einziges Kind wird sie von den Eltern verwöhnt und bewundert. Jeder Wunsch wird ihr von den Augen abgelesen und erfüllt, und es wird kaum etwas von ihr verlangt. Das dauernde Verzärteln und Erfüllen von Wünschen hat in ihr die Auffassung entstehen lassen, dass sie diesen Zustand immer erwarten kann. So hat sich ein Lebensstil nach dem Motto entwickelt: Ich bin die wichtigste Person, jeder Wunsch muss mir erfüllt werden. Nun kommt sie in die Schule und soll plötzlich kooperieren, sich in die Klasse einfügen.

Sie muss das Interesse der Lehrerin mit vielen anderen Kindern teilen, sie hat eine Lehrerin, die sie nicht immer lobt, sondern sogar manchmal tadelt. So kommt es, dass sie die Schule als feindlich ansieht - wie viele verwöhnte Kinder - und zu kämpfen beginnt. Tadel und Strafen werden willig ertragen, denn sie erreicht ja dadurch ihr Ziel. Sie sagt: „Das Mädchen neben mir ist die Beste aus der Klasse, aber die Lehrerin kümmert sich kaum um sie, mit mir jedoch muß sich die Lehrerin dauernd beschäftigen." Lisa ist nicht richtig für die Schule und das Leben vorbereitet, da sie nicht gelernt hat, mit anderen zusammenzuarbeiten bzw. sich in eine Gemeinschaft einzufügen. Ihr Ziel, im Mittelpunkt zu stehen, erreicht sie zu Hause durch Bravsein, in der Schule durch Unart. Es besteht also kein Widerspruch in diesem Verhalten, sondern es ist ein und derselbe Charakter, der hier zum Ausdruck kommt. Soweit das Beispiel.

Verzärtelte Kinder zeigen immer einen Mangel an Interesse für andere. Ihr Ich muss im Vordergrund stehen. Während ein vernünftig erzogenes Kind Mut, Tatkraft, Anpassungsfähigkeit und „common sense", d. h. Gemeinschaftsgefühl, entwickelt - im erwähnten Beispiel würde das etwa bedeuten, dass das Kind den Unterricht nicht stört, sondern zuhört, wenn die Lehrerin spricht oder andere Kinder dran sind - bildet sich bei Verzärtelten nur private Intelligenz. Mit diesem Ausdruck bezeichnet Adler die Intelligenz, die verwöhnte Kinder aufbringen, um zu ihrem Ziel zu gelangen. Sie wissen sehr genau, was sie wollen, denn schon von klein auf trainieren sie, ihre Wünsche und ihren Willen auf jede Weise durchzusetzen und den eigenen Vorteil zu wahren. Diese „Privatintelligenz", die nur zum eigenen Nutzen verwendet wird, steht im Gegensatz zum „common sense" oder Gemeinschaftsgefühl, bei dem der einzelne nicht nur sein eigenes Wohl, sondern auch das der anderen berücksichtigt. Besonders charakteristisch für verzärtelte Kinder ist ihre Ungeduld; sie wollen alles sofort haben. Wird ihr Wunsch nicht sofort erfüllt, kommt es zu heftigen Zornesausbrüchen. Geben die Erzieher nach und nehmen dem Kind alles ab, so kann es passieren, dass das Kind vollkommen unselbständig bleibt. So gibt es zum Beispiel Kinder, die sich mit sieben Jahren noch nicht allein anziehen können. Finden wir, dass Kinder unordentlich sind, so zeigt uns das immer „den Schatten einer anderen Person, die alles nachräumt" (A. Adler). Selbstverständlich müssen sich nicht alle verwöhnten Kinder in dieser Weise entwickeln. Es besteht jedoch eine statistische Wahrscheinlichkeit für derartige Fehlentwicklungen.

Entscheidend ist, dass diese private Intelligenz, den eigenen Willen durchzusetzen, keine Vorbereitung auf das Leben darstellt. Da die Erzieher verwöhnten Kindern zu viele Hindernisse aus dem Wege geräumt und fast alle Wünsche erfüllt haben, konnten diese ihre eigenen Kräfte zu wenig erproben. Vor allem haben sie nicht gelernt, Schwierigkeiten zu überwinden. Fähigkeiten, die man dafür benötigt, Mut, Geduld, Tatkraft haben sie nicht entwickelt. Taucht ein Hindernis auf, so bleiben sie stecken. Das Erlebnis der Ohnmacht und Unfähigkeit kann dann zur Bildung von verstärkten Minderwertigkeitsgefühlen führen.

Auch für das Entstehen von Minderwertigkeitskomplexen durch Härte bzw. Lieblosigkeit in der Erziehung finden sich in der Praxis viele Beispiele.

Eine Mutter, die bereits zwei Kinder hatte, kam mit ihrem dritten Kind, einem 4 Monate alten Knaben, zu einem Kinderarzt, weil das Kind einen Darmkatarrh hatte. Sie erzählte ihm dabei, dass sie dieses Kind hasse. Sie könne wohl für zwei Kinder sorgen, aber das dritte sei zu viel. Bis zum vierten Lebensjahr konnte der Arzt das Kind in seiner Entwicklung verfolgen. Immer wieder, wenn er es sah, war er erschüttert über den traurigen Ausdruck der Augen des Kindes, über sein verschüchtertes, ängstliches Benehmen und über die rohe Art, in der die Mutter das Kind behandelte.

Auch wenn sich die Eltern bemühen, bei einem unerwünschten Kind ihre Abneigung zu verbergen, das Kind fühlt doch, was in den Eltern vorgeht und spürt die feindliche Atmosphäre. Das zeigt ein anderes Beispiel: Ein achtzehnjähriges Mädchen gibt als erste Kindheitserinnerung folgendes an: „Es ist kurz nach der Geburt meines kleinen Bruders, ich stehe auf einem Stuhl und rufe ‚Niemand liebt mich'". Sie erzählt, dass sie als dritte Tochter ungewünscht, ihr Bruder aber hochwillkommen war. Nach Adler lässt sich aus dieser Kindheitserinnerung folgendes schließen: Dieses Mädchen wird immer nach Beweisen suchen, dass sie nicht geliebt wird. Grundlos wird sie ihren Lehrern nachsagen, dass sie andere vorziehen. Auch wird sie später unglücklich in der Liebe sein. Selbst wenn sie einen Ehemann findet, der sie treu liebt, so wird sie doch immer fürchten, er könnte eine andere vorziehen. Durch ihr Festhalten an dem Benachteiligungsgefühl aus der Kindheit kann sie ihre Ehe gefährden. Nur wenn sie zur Einsicht in ihren Lebensstil kommt, kann sie ihre irrige Meinung ändern und muß sich nicht länger unglücklich fühlen.

Sie sehen, in unerwünschten Kindern kann sich leicht ein vertieftes Minderwertigkeits-gefühl entwickeln. Ähnlich gefährdet sind in dieser Hinsicht Stiefkinder, Waisenkinder und alle, die in der Jugend herumgestoßen wurden, die keine Geborgenheit bei ihren Erziehern finden konnten.

Wie wir schon in dem Beispiel mit den Kindern vor dem Löwenkäfig gesehen haben, trifft es durchaus nicht zu, dass ein Mensch mit starken Minderwertigkeitsgefühlen ein verlegenes, zurückhaltendes, ängstliches Wesen haben muss. Kein Mensch kann ein Minderwertigkeitsgefühl lange ertragen. Wer sich nicht in der Lage fühlt, die anstehende Schwierigkeit zu überwinden, indem er sachgemäße

Anstrengungen macht, wird zumindest nach Wegen suchen, wie er es erreichen kann, sich überlegen zu fühlen. Wenn er zum Beispiel im Beruf den Problemen nicht gewachsen ist, versucht er vielleicht, in seiner Familie den Haustyrannen zu spielen. Oder er zeigt ein übertrieben männliches Auftreten bei Frauen, Hochmut, Gefühlsüberschwang, Snobismus, Angeberei, oder er wertet durch Spott oder scharfe Kritik einfach die Leistungen anderer herab. Diese von Adler genannte „Entwertungstendenz" ist eine sehr verbreitete Methode der Selbsterhöhung: Alle sind blöd, dumm, minderwertig, nur nicht man selbst. Hierher gehoren auch Affektsteigerungen wie Zorn, Rachsucht, Trauer, übertriebene Begeisterung bei nichtigen Anlässen, übertrieben lautes Lachen, Lenken des Gesprächs auf die eigene Person, Eitelkeit in Bezug auf die äußere Erscheinung, sei diese besonders nobel oder vernachlässigt, all das sind Tricks, um vorhandene Kleinheitsgefühle zu überspielen. Auf diese Weise kann man sich selbst betrügen, aber die Minderwertigkeitsgefühle bleiben.

Wir sehen schon an diesen Beispielen, dass es bei vertieften Minderwertigkeitsgefühlen zu einem kompensatorischen Streben auf der „unnützlichen Seite des Lebens" (Adler) kommt, zu Neurose, eventuell auch zu Perversion oder Kriminalität, die ich aber für unsere Betrachtung einmal beiseite lassen möchte. Bei neurotischen Menschen ist das Schwächegefühl unter dem Eindruck von entmutigenden Sozialisationserfahrungen und falscher Erziehung so übermächtig geworden, dass sie die nützliche Kompensation durch Lernen, Leistung, Mitmenschlichkeit und soziale Einfügung als nicht möglich oder zu schwierig ansehen. So kommt es zu einem Stillstand der seelischen Bewegung. Der bedeutende Tiefenpsychologe von Gebsattel spricht hier von einer „Werdenshemmung". Da solche Menschen keinen Ausweg aus Pessimismus oder Ängstlichkeit finden und die seelischen Kräfte brachliegen, verdichten sich die Minderwertigkeitsgefühle zum Minderwertigkeitskomplex. Sie weichen den Lebensaufgaben Arbeit, Liebe und Gemeinschaft aus, weil sie eine Niederlage oder einen Prestigeverlust fürchten und machen Nebensächlichkeiten zu ihrer Hauptbeschäftigung. So verwenden viele Menschen zum Beispiel einen gut Teil ihrer Energie darauf, bestimmte Suchtneigungen zu bekämpfen - Essen, Rauchen, Alkohol usw. -, wobei sie immer wieder unterliegen und aufs Neue den Kampf aufnehmen. Der Sinn dieses Hin- und Herpendelns zwischen Vorsatz und innerem Zusammenbruch ist das „Sammeln von Entschuldigungen", etwa in dem Sinn: „Wenn ich diese verfluchte Sucht nicht hätte, was würde ich nicht alles leisten können!" Aber da die Sucht da ist, geht es eben nicht. Andere horchen in ihren Körper hinein und lassen sich durch tausend scheinbare Anomalien beunruhigen. Die Beschäftigung mit der prekären Gesundheit ersetzt dann oft das Liebesleben oder andere wertvolle Daseinsbereiche. Angstneurotiker beschäftigen sich stets mit realen oder imaginären Gefahren und kommen so nicht dazu, etwas Nützliches zu leisten. Zwangsneurotiker haben ihre Zwangsvorstellungen und merkwürdigen Rituale, wegen denen sie sich vom Mitleben und Mithandeln dispensieren können. Ihre Symptome – etwa der Waschzwang – werden zu ihrem Lebensinhalt, wobei allerdings ein Nutzen für andere entfällt. Depressive Menschen haben so viel zu tun mit ihren traurigen und hoffnungslosen Erwägungen, dass keine Energie und keine Zeit zum „Arbeiten und Lieben" übrigbleiben.

Die Neurose stellt nicht nur eine Kompensation auf der „unnützlichen Seite des Lebens" (A. Adler) dar, sie ist auch eine Lebenslüge. Anstatt sachgemäße Mühen auf sich zu nehmen, um aus der Minus- in eine Plussituation zu kommen, d.h. etwas zu lernen, macht man sich etwas vor, um ohne derartige Anstrengungen vor sich selbst groß bzw. untadelig dazustehen. Allerdings kommt auch der entgegengesetzte Mechanismus vor: Manche Menschen können sich nicht genugtun in der Herabsetzung ihrer selbst, was aber psychologisch gesehen auf dasselbe herauskommt. Man unterschätzt sich oft aus überspanntem Bedeutungsbedürfnis. Wenn also jemand der unglücklichste, böseste, gemeinste, unsittlichste Mensch sein will, dann enthüllt die Wahl des Superlativs, dass hinter der Selbstverkleinerung ein enormes Größengefühl stecken kann.

Minderwertigkeitsgefühle - und das kompensatorische Geltungsstreben - sind aber nur ein Vordergrundphänomen des Seelischen. Sie zeigen wie gesagt an, dass der Betreffende an einer „Werdenshemmung" leidet, das heißt dass er als Persönlichkeit nicht voll entwickelt ist. Er verfügt über ein ängstliches und schlecht trainiertes Ich, das den Lebensaufgaben mehr oder minder ausweicht, um vermeintliche Niederlagen zu vermeiden. Ein Indiz dafür ist das narzisstische Sich-Im-Kreise-Drehen desjenigen, der von Selbstzweifeln und Größenbedürfnissen geplagt wird. Aus diesem Verschlossen-sein ergeben sich meist realitätsfremde Erwägungen über körperliche, seelische oder geistige Defekte, über die der oder die Betreffende in der Regel nicht mit sich reden lässt. Es geht eben nicht um rationale Argumentation. Was fehlt, ist die Öffnung des unter dieser Abkapselung Leidenden zur mitmenschlichen Welt hin, das Lernen von Verbundenheitsgefühl und Solidarität mit den Mitmenschen, von Kommunikation und Kooperation.

Der Weg aus dem sterilen Zirkel von Selbstverkleinerung und Selbstvergrößerung führt über einen Prozess der Selbsterkenntnis und Selbsterziehung. Mit dem Streben nach vermehrtem „Kopf"- Wissen ist es nicht getan. Vielmehr müssen die Unebenheiten des Charakters erkannt und in Richtung auf verbesserte zwischenmenschliche Beziehungen und ein erhöhtes Maß von Kooperation ausgeglichen werden. Voraussetzung der anderen Einstellung zum Mitmenschen ist eine „liebende Besorgnis“ (Erich Fromm) um sich selbst, denn nur wer sich selbst akzeptiert, kann auch andere Menschen akzeptieren. Selbstverneinung und übersteigerte Selbstkritik sabotieren sowohl die Öffnung gegenüber den Mitmenschen als auch die Entstehung eines Selbstwertgefühls. Gefühle der Minderwertigkeit kann man nicht mit Gewaltaktionen überwinden, wohl aber mit Zähigkeit, Gelassenheit und vor allem Mut zur Unvollkommenheit. Erst einmal muss man lernen, Unzulänglichkeit und Ängste bei sich zu akzeptieren; dann, kleine Schritte in Richtung Expansion zu wagen, auch mit Kleinheitsgefühlen bzw. trotz dieser Gefühle. Nur dadurch kann man lernen, nicht immer gleich zu resignieren oder Halt und Entlastung bei anderen zu suchen. Vor allem wächst mit jeder kleinen Aufgabe, die man selbst trotz der Kleinheitsgefühle bewältigt, der Mut und die Geschicklichkeit um ein kleines Stück, was sich aber nach und nach summiert. Arbeitet man länger auf diese Weise an sich, so wächst das Selbstwertgefühl und man kann schließlich Sicherheit in sich selbst finden. Natürlich fällt das leichter, wenn man ein besseres Bild vom Menschen hat, denn bei jedem der kleinen Schritte durch die Kleinheitsgefühle hindurch hat man ja mit anderen Menschen zu tun. Je mehr die Gefühle der Abwehr und Ablehnung anderer abnehmen und an ihre Stelle Gefühle der Gleichwertigkeit und Sympathie treten, umso eher gelingen Kommunikation und Kooperation. Eine solche Ausweitung der Persönlichkeit führt zur sozialen Beitragsleistung und damit zu einer echten Steigerung des Selbstwertgefühls.

Damit bin ich am Ende meiner Ausführungen angelangt. In der mir zur Verfügung stehenden Zeit konnte ich naturgemäß nur einen Ausschnitt aus dem bringen, was es an Wissenswertem über Minderwertigkeitsgefühle und Kompensation gibt. Wenn Sie mehr über dieses Thema erfahren wollen, kann ich Ihnen das anfangs von mir erwähnte Buch von Oliver Brachfeld *Minderwertigkeitsgefühle beim Einzelnen und in der Gemeinschaft* sehr empfehlen. Glücklicherweise ist es gerade neu aufgelegt worden. Es kann nach der Diskussion am Saalausgang erworben werden.

Henrik Ibsen als Vorbild der Selbstfindung nach Ludwig Binswanger

Mein Vortrag passt sowohl zur Vorlesungsreihe von Gerhard Danzer über „Medizinische Anthropologie" - denn Binswanger ist ein Anthropologe - als auch zum Thema des letzten Semesters „Literatur und Psychoanalyse" - denn der Dramatiker Henrik Ibsen, ein Vorläufer der Psychoanalyse, ist für Binswanger *das* Vorbild der Selbstwerdung. „Selbstwerden und Selbstsein des Menschen" sind wichtige Aspekte, die uns die Anthropologie - vor allem seit Heidegger - eröffnet hat und die auch für die Psychotherapie von Bedeutung sind.

Ich möchte heute Abend versuchen, das Modell der Selbstrealisierung bzw. Selbstfindung des Schweizer Psychiaters Ludwig Binswanger darzustellen. Die Person Ludwig Binswanger wurde bereits im Vortrag von Klaus Hölzer über die anthropologische Proportion im März letzten Jahres vorgestellt. Für diejenigen, die nicht dabei waren oder das nicht mehr präsent haben will ich das noch einmal kurz darstellen. Ludwig Binswanger ist 1881 geboren als Abkömmling einer ganzen Dynastie von Psychiatern. Sein Großvater hatte das Sanatorium Bellevue in Kreuzlingen gegründet. Sein Vater hatte nach dessen Tod die Leitung der Klinik übernommen. Aufgrund des engen Kontaktes der Arztfamilie mit den Patienten nahm Ludwig B. schon als Kind am Alltag der Patienten teil und war dadurch bereits von dem fortschrittlichen psychiatrischen Ethos seines Vaters geprägt, als er seine Ausbildung zum Psychiater begann. Nach Abschluss seines Medizin-Studiums und dem frühen Tod seines Vaters übernahm Ludwig Binswanger bereits mit 30 Jahren, 1911, die Leitung dieses Sanatoriums, die er dann bis 1956, also für 45 Jahre innehatte! Für die Arbeit in der Klinik konnte er sich auf sehr gute Assistenzärzte verlassen, sodass er genügend Freiraum hatte, um seinen wissenschaftlichen Neigungen nachzugehen. Wichtiger als eine akademische Karriere, die durchaus möglich gewesen wäre, war ihm der enge Kontakt mit den psychiatrischen Patienten. Eine Verbesserung der Methoden zur Heilung dieser kranken Menschen war sein oberstes Anliegen. Der tagtägliche Umgang mit seinen Ärzten und Patienten bot ihm die Gewähr, dieses Ziel bei seinen wissenschaftlichen Untersuchungen in Philosophie und Psychologie nicht aus den Augen zu verlieren.

Bereits in jungen Jahren, als Doktorand von C.G. Jung, lernte er Freud und die Psychoanalyse kennen, die auf ihn einen großen Eindruck machte. Mehrere Reisen nach Wien zu Freud und ein Gegenbesuch Freuds 1912 begründeten eine lebenslange Freundschaft, die hauptsächlich im Austausch von Briefen bestand. Das ist umso bemerkenswerter, als Binswanger eine kritische Einstellung gegenüber Freuds Triebtheorie und seiner naturwissenschaftlichen Fundierung der Psychoanalyse hatte. Was er an der Psychoanalyse schätzte, war, dass diese Methode es ermöglichte, die innere Lebensgeschichte des Patienten zu erfahren und ihn zu verstehen.

Binswanger interessierten die Grundbedingungen des Menschseins, um die Abweichungen davon bei seinen Kranken einordnen zu können. Auf der Suche nach diesen Grundmöglichkeiten menschlichen Seins wurde er auf die Philosophen Husserl und Heidegger aufmerksam. Einen besonders starken Eindruck hinterließ bei ihm Martin Heideggers Hauptwerk *Sein und Zeit*. Die darin analysierten Strukturen der menschlichen Existenz, das In-der-Welt-Sein, die Angst, das Man-selbst-Sein, das eigentliche Ich-selbst-Sein usw. machte Binswanger zur Basis seiner philosophisch-anthropologischen Überlegungen. Aus der Lehre Heideggers entwickelte er die Daseinsanalyse als eine eigenständige psychiatrisch-phänomenologische Forschungsmethode.

Für Binswanger war Freuds naturalistische These, dass wir vom Trieb gelebt werden, nur die Hälfte der Wahrheit. Ebenso wichtig war für ihn, dass der Mensch frei ist, dieses Leben als ein Selbst zu gestalten. Das folgt auch daraus, dass er das menschliche Leben als geschichtlich strukturiertes Dasein auffasst. Die psychischen Erkrankungen - aber auch viele physischen - sind sehr oft Produkte lebensgeschichtlicher Verstrickungen, in denen der Mensch den Weg zu sich selbst nicht gefunden hat. In seiner bedeutenden Schrift „Henrik Ibsen und das Problem der Selbstrealisation in der Kunst“ hat sich Binswanger mit der Frage der Entstehung des Selbst auseinandergesetzt. Diese Schrift ist die Grundlage meiner Ausführungen.

Es ist die These Binswangers, dass das gesamte Schaffen Ibsens geprägt ist von dessen eigener Erfahrung mit dem Ringen um das Selbstsein und den Gefahren, dabei zu scheitern. Welche Bedeutung Ibsen der Selbstrealisierung beimisst, geht aus seinen folgenden Worten hervor:

„Leben heisst - dunkler Gewalten Spuk bekämpfen in sich, dichten - Gerichtstag halten über sein eigenes Ich.“ und „In seiner Lebensführung sich selbst realisieren, das ist, meine ich, das Höchste, was ein Mensch erreichen kann. Diese Aufgabe haben wir alle, einer wie der andere, aber die allermeisten scheitern daran.“ (Henrik Ibsen Sämtliche Werke X, 316 ff.)

Binswanger zeigt in der genannten Schrift den Prozess der Selbstfindung eines Menschen, man könnte auch sagen die Entstehung der Persönlichkeit, am Beispiel H. Ibsens auf, und zwar wie dieser sein Selbst gestaltet in seinem Leben und in seiner Kunst.

Zunächst sollen Phasen der Lebensgeschichte Ibsens den Stadien seiner Selbstrealisation im Leben gegenübergestellt werden.

1828 geboren, wächst er als ältester Sohn in einem kleinen Städtchen an der Südküste Norwegens in wohlhabenden Verhältnissen auf. Sein Vater hatte es als Kaufmann zu Reichtum und Ansehen gebracht. Das Haus der Eltern lag im Zentrum des Ortes, der Kirche gegenüber, an deren Seite der Pranger und das Rathaus mit Gefängnis und „Tollhaus" stand. Die Familie nahm an dem regen geselligen Leben in der Stadt teil. Die ungetrübte Kinderzeit fand ein plötzliches Ende, als der Vater 1835 – Henrik war 7 Jahre alt – Konkurs anmelden musste. Das Haus und der Betrieb des Vaters wurden zwangsversteigert und die Familie zog auf einen mehrere Kilometer entfernten Hof. Von nun an mussten sie in kümmerlicher Armut leben. Dieses Ereignis hinterließ tiefe Spuren in Persönlichkeit und Werk H. Ibsens. Als Kind war er in sich gekehrt. Bei den Spielen seiner jüngeren Geschwister machte er nicht mit, sondern zog sich in einen Verschlag zurück, um dort zu lesen. Manchmal spielte er aber auch mit einem Puppentheater, dessen Figuren er selbst hergestellt hatte, oder führte Zauberkunststücke vor. Wenn die Geschwister oder andere Kinder ihn bei seinen Beschäftigungen störten, so konnte dies leicht seinen Zorn erregen – er jagte sie dann fort. Er malte gern, z. B. Landschaftsbilder in der Umgebung von Skien. Manchmal machte er sich auch den Spaß, Karikaturen anzufertigen. In seinen Zukunftsträumen sah er sich als Maler. Nachdem er die Bürgerschule in Skien einige Jahre besucht hatte, kam er – da sein Vater die dortige Lateinschule nicht bezahlen konnte – auf eine Privatschule, die nur über einen Fußweg von mehreren Kilometern zu erreichen war. Nach dem Ende seiner Schulausbildung im Jahr 1843 fasste er den Entschluss, das Elternhaus zu verlassen und seinen eigenen Lebensunterhalt zu verdienen. Er begann eine Lehre bei einem Apotheker in Grimstad, möglicherweise mit der Überlegung, auf dieser Ausbildung ein Medizinstudium aufbauen zu können.

Mit diesem Entschluss, seine Familie zu verlassen und sich auf eigene Füße zu stellen, hat Ibsen den ersten ernsthaften Schritt der Selbstrealisierung getan. Er selbst schreibt später – mit 39 Jahren – darüber an einen Freund: Ich weiß, dass ich unter der Kruste von Unsinn und Schweinerei ernst gewesen bin in meiner Lebensführung. Wie zum Beweis fährt er fort: Weißt Du, dass ich mich fürs ganze Leben von meinen eigenen Eltern, von meiner ganzen Familie fortgemacht habe, weil ich nicht in dem Zustande eines halben Verständnisses verharren wollte. Das „halbe Verständnis“ betraf wohl vor allem das Gebiet der Religion. Halbes Verständnis bedeutet soviel wie Undurchsichtigkeit oder Unklarheit, mit anderen Worten Unwahrheit, die in den schwierigen Verhältnissen, in denen die Eltern lebten, zwischen ihnen und dem Sohn herrschten. In dieser lastenden Enge der häuslichen Situation sah er für sich keine Möglichkeit der Selbstrealisierung. Deshalb wollte er fort, weg von der Familie, weg von der demütigenden Vergangenheit, von der kümmerlichen Gegenwart und frei werden für die eigentliche Zukunft. Mit dieser Entscheidung hat Ibsen eine Vorentscheidung, eine Weichenstellung für sein ganzes Leben getroffen.

In Grimstad, wo er als Apothekenlehrling seinen Dienst versah, stand er zwar als knapp Sechzehnjähriger auf eigenen Füßen, aber wiederum lebte er in sehr engen Verhältnissen. Die Bezahlung war schlecht, sodass er z.B. nicht genügend Geld hatte, um sich Kleidung anzuschaffen. Dann hatte man ihn zusammen mit drei Jungen des Apothekers in einem Zimmer untergebracht, das überging in das Zimmer der Dienstmädchen. Er musste dort hindurchgehen, wenn nachts ein Kunde bedient werden wollte. Er lebte also nie allein, sondern immer beobachtet und jahrelang außerstande, an diesem Zustand etwas zu ändern. Ibsen reagiert auf diese Situation, indem er viel arbeitete, vor allem nachts versuchte er, sich die Kenntnisse anzueignen, die erforderlich waren, um die Zulassungsprüfung an der Universität für das Medizinstudium zu bestehen. Ibsen lernte aber nicht nur für die Universität, er las auch Romane und philosophische Literatur, z.B. Kierkegaard und Voltaire. Damit einher ging die Entwicklung von christlichen Glaubens- und Moralvorstellungen zu einem atheistischen Weltbild. Wie in Skien (wo sich heute ein Ibsen-Museum befindet) lebte er auch hier als wortkarger und schüchtern-introvertierter Einzelgänger. Von den Gleichaltrigen wurde er wegen seiner Kleidung gehänselt – er trug immer seinen Konfirmandenanzug – offenbar sein einziger Anzug. Die erzwungene Intimität mit dem Personal führte zu einem Verhältnis mit einem 10 Jahre älteren Dienstmädchen, das nicht ohne Folgen blieb. Für den unehelichen Sohn, den sie bei ihren Eltern zur Welt brachte, musste Ibsen 14 Jahre lang Unterhalt zahlen. Ibsen hat sich weder um ihn noch um die Mutter je gekümmert und hat weder Verwandten noch Freunden je davon erzählt. Da er finanziell sehr schlecht gestellt war, bereiteten ihm die geforderten Unterhaltszahlungen große Probleme. Er musste immer wieder um Aufschub bitten und wäre einmal deswegen fast ins Gefängnis geraten. Dieses Geheimnis erklärt die vielfache Thematik von Schuld, Schande und strafender Gerechtigkeit in seinen Dramen.

Die Befreiung vom Leben im „halben Verständnis“ macht bei Ibsen nicht halt bei dem Verlassen der Familie. Auch im Land seiner Väter mochte er nicht im Zustand eines halben Verständnisses verharren. Nach seinen ersten Verpflichtungen an den Theatern in Bergen und Christiania ermöglicht ihm ein vom norwegischen Storting bewilligtes Reisestipendium, Norwegen zu verlassen und nach Italien zu reisen. Dort lebt und arbeitet er vier Jahre in Rom. Danach wechselt er zwischen Aufenthalten in Deutschland und in Italien. Es dauert 10 Jahre, bis er Norwegen wieder besucht. Bei einem weiteren Besuch nach wiederum 10 Jahren schreibt er: Als ich vor 10 Jahren den Fjord hinauffuhr, da fühlte ich, wie sich mir die Brust in Beklemmung und Unbehagen buchstäblich zusammenschnürte. Ich war nicht mehr ich selbst unter all diesen norwegischen kalten und verständnislosen Augen. Ibsen fand sich selbst nur dadurch, dass er sich von den engen vaterländischen Verhältnissen trennte und die Ganzheit und Weite freier und befreiender Kulturverhältnisse aufsuchte. Er sagt: Ich habe damit angefangen, mich als Norweger zu fühlen, habe mich dann zum Skandinavier entwickelt und bin jetzt beim Allgemein-Germanischen - und Binswanger fügt hinzu - beim Allgemein-Menschlichen gelandet.

Auch im Verhältnis zur Gesellschaft vollzog er eine Trennung. Zum einen lebte er „auf Kriegsfuß mit der kleinen Gesellschaft, in die der Zwang der Lebensbedingungen und Verhältnisse ...ihn sperrte“. Darüber hinaus wollte er auch nicht mit einer Gesellschaft paktieren, deren Schiff eine Leiche geladen habe. Gemeint ist mit diesem dichterischen Bild der Geruch der Verwesung, den er hinter Betriebsamkeit und scheinbarem Aufschwung spürte. Ibsens Gesellschaftskritik ist kein Wille zum Umsturz, sondern Sehertum und Mahnung. Was er hasst, ist die Vertuschung der Wahrheit, die es den Zeitgenossen unmöglich machte, in der Gesellschaft zu sich selbst zu kommen, sich selbst zu realisieren. Es nimmt daher nicht Wunder, dass er auch zum Staat ein kritisches Verhältnis hatte. Er nennt den Staat: den Fluch des Individuums. Für Ibsen ist Freiheit die höchste und erste Lebensbedingung. Er will sie nicht beschränkt sehen auf die politische Freiheit. Vielmehr geht es ihm um die geistige Freiheit, um die man ständig kämpfen muss, wenn man sie nicht verlieren will. Dazu gehört auch, alle unfreien Bindungen zu kappen. Binswanger sieht darin keinen Vollblutegoismus, sondern eine Befreiung von selbstfremdem Ballast, wenn es wie hier darum geht, einen hohen Grad der Selbstwerdung zu erreichen mit dem Ziel, die Mitmenschen an dem erreichten Höheren teilnehmen zu lassen. Und was das anging, schritt die Entwicklung voran.

Sein erstes, nachts geschriebenes Drama „Catilina“ wurde zwar vom Theater in Christiania abgelehnt, erschien aber im Buchhandel. Ibsen zog nach Christiania und machte sich dort als Redakteur kulturkritischer Zeitschriften einen Namen. Ein zweites Stück von Ibsen „Das Hünengrab“ wurde vom Christiania-Theater zur Aufführung angenommen. Im November 1851 erhielt er schließlich einen Ruf als Theaterdichter und Dramaturg an das neu gegründete norwegische Nationaltheater in Bergen. In den 6 Jahren in Bergen hatte er Gelegenheit, sehr viele und vor allem verschiedene Arten von Theaterstücken einzustudieren und zu inszenieren. Er erwarb sich technische Fähigkeiten, die für sein späteres Schaffen sehr wertvoll waren. Zudem wurde jeweils zum Jahrestag der Gründung des Theaters ein Stück aufgeführt, das Ibsen eigens zu diesem Anlass schrieb. So erwarb Ibsen allmählich den Ruf eines aufstrebenden Talents. In Bergen lernte Ibsen die Tochter Suzannah des Probstes Thoresen und seiner Frau kennen, der damals bekannten Schriftstellerin Magdalene Thoresen. 1858 heiratete er Suzannah. 1859 wurde ihr einziger Sohn Sigurd geboren. 1857 ergriff Ibsen die Gelegenheit, als künstlerischer Leiter an das neu gegründete norwegische Theater in Christiania zu wechseln. Das Theater geriet jedoch nach kurzer Zeit in finanzielle Schwierigkeiten, sodass Ibsen gezwungen war, Schulden zu machen und schließlich seine Stellung aufgeben musste. Es folgt wie schon erwähnt die Reise nach Italien mit seinem Durchbruch zum großen Dichter und weltbekannten Dramatiker.

Der Prozess der Selbstfindung wäre nicht vollständig dargestellt, wenn man nur den Kampf mit Familie, Vaterland, Gesellschaft und Staat ins Blickfeld rückt. Ein weiterer wichtiger Kampf gehört dazu, das Ringen mit sich selbst. So schreibt Ibsen in einem seiner frühen Prosaversuche 1848 über „die Wichtigkeit der Selbsterkenntnis“: sie sei darum höchst notwendig, weil der Mensch, wenn er seine weniger guten Seiten kennen lernt, sich mehr als einmal vor sich selbst demütigen muss; diese Demütigung könne aber die Selbstachtung des Menschen nicht beeinträchtigen, da sie im Gegenteil einen kraftvollen Willen und ein redliches Streben nach dem beweist, was des Menschen Ziel im Leben ist, die Entwicklung seiner Geisteskräfte und die Sorge für sein (zeitliches) Wohlergehen. Der Mensch sollte soviel Selbsterkenntnis besitzen, dass er in der Lage ist, seine Handlungen seinen Kräften anzupassen und seine Neigungen im Zaum zu halten. Schon der Zwanzigjährige – wie auch später der 58jährige in Rosmersholm – sieht also klar den Kampf, den der ernsthafte Mensch mit sich selbst zu bestehen hat, nämlich seine Lebensführung mit seiner Erkenntnis in Einklang zu bringen. Binswanger sieht darin einen Beweis, wie früh sich Ibsen über den Weg der Selbstrealisierung klar war und wie konsequent er ihn verfolgt hat. Der innere Konflikt, den der Mensch in der Selbstrealisierung überwinden muss, ist nach Ibsen der Widerspruch zwischen Kraft und Streben, zwischen Wille und Möglichkeit, zwischen Wort und Tat, zwischen Leben und Lehre. Hierin sieht Ibsen „die Tragödie und zugleich Komödie der Menschheit und des Individuums“. Verharrt der Mensch in diesem Widerspruch, so verharrt er im Zustand eines halben Verständnisses mit sich selbst. Was von der Ferne und Nähe (im Sinne von Begreifen) zu Familie, Heimat, Gesellschaft und Staat gilt, das gilt auch für Ferne und Nähe zum eigenen Selbst: nur im „weitsichtigen“ Abstand zu uns selbst gelangen wir zur eigentlichen Nähe zu uns selbst, nämlich zur Freiheit und Unabhängigkeit des Selbst. Auch hier ist das Zurück zu sich selbst nur möglich auf dem steilen Weg über die Höhe. Ibsen nennt es auch den Ernst, die Griechen sprachen von Besonnenheit, wir würden von Geist sprechen, Binswanger legt Wert auf den Begriff des Steigens in die Höhe.

Hier kommt ein biografisches Detail aus Ibsens Leben ins Spiel, eine Kindheitserinnerung, die ich noch nachtragen will. In einem autobiografischen Fragment erzählt er aus der Zeit, als er noch in Skien im Haus gegenüber der Kirche wohnte, dass ihn das Kindermädchen eines Tages hinauf auf den Kirchturm trug und ihn in der offenen Luke an der freien Luft sitzen ließ, wobei sie ihn mit ihren Armen von hinten festhielt. Er weiß genau, wie fasziniert er war, den Menschen nun auf die Hutdeckel sehen zu können, in das Haus der Eltern, wo die Mutter am Fenster stand und über das Dach in den Hof, wo das Pferd der Eltern an der Stalltür angebunden war und mit dem Schwanz wedelte. Aus diesem fesselnden Anblick wurde er herausgerissen, weil das Mädchen ihn eiligst wieder herunterbrachte; denn im Elternhaus hatte man den Sohn in der Turmluke erkannt und das Kindermädchen heruntergewunken. Von da an ist er als Junge nie wieder über den Markt gegangen, ohne zur Turmluke hinaufzuschauen, so sehr hatte ihn die Perspektive von dort oben, „das höhere Gesicht auf die Dinge“ wie er es später nennt, beeindruckt.

Zurück zur Selbstfindung: Binswanger fasst den Weg der Selbstrealisierung wie folgt zusammen, er verläuft weg von den anderen - und sich selbst - zurück zu den anderen - und sich selbst - über die Höhe. Der Weg aus der Enge in die Weite vermag nur dann zur rechten Nähe zurückzuführen, wenn er zugleich ein Weg aufwärts ist, ein Steigen. Dieses Steigen in die Höhe ist ein Synonym für das mühevolle Streben nach einem höchsten Lebensziel, durch das die Möglichkeiten des Daseins Richtung, Maß und Gestalt gewinnen und das auch nur gedeihen kann, wenn dieses aufwärtsstrebende In-der-Welt-sein in einem Klima von Liebe oder freundschaftlicher Kommunikation stattfindet. Sich selbst realisieren bedeutet also alles andere als sich „ausleben“. Im Ausleben verwirklichen wir nur die rein hedonistischen Existenzmöglichkeiten, die wir mit den Tieren gemeinsam haben, - Lust und Genuss – also nur etwas in oder von unserem Dasein. Dabei werden aber gerade die dem Menschen vorbehaltenen humanen, nämlich geistig-kulturellen Möglichkeiten der Existenz ausgeschlossen.

Ibsens Selbstrealisierung in der Kunst

Bei Ibsen sind Weg und Ziel des Steigens in die Höhe nicht Religion, Philosophie oder Wissenschaft, sondern die Kunst. Wie wir gesehen haben, kämpfte der junge

Ibsen verzweifelt gegen die Halbheiten des Lebens in seiner Umgebung und bei sich selbst, gegen Unklarheit, Formlosigkeit und Kompromisse. Vielleicht liegt in seinem Streben nach Wahrheit und Formstrenge der Ursprung seines Künstlertums. Jedenfalls sah er im wahren Leben in der Kunst seine strenge und ausschließliche Aufgabe. Dies ist sein oberstes Ziel, das allen anderen Strebungen in seinem Leben ihren Rang und ihre Bedeutung für die Gesamtrichtung seines Daseins zuweist. Das zeigt sich in seinen Entscheidungen, die drückenden Fesseln der häuslichen Umgebung wie auch seiner Neigungen abzustreifen. Was der Wahrhaftigkeit des Künstlers und derjenigen des Menschen in seiner praktischen Lebensführung zugrunde liegt, ist die Unduldsamkeit gegenüber jedem halben oder „unwahren" Verständnis als dem Unerträglichen. Wirklich Mensch und wirklich Künstler kann nur der sein, dem sowohl weltliche Unklarheiten als auch künstlerische Ungeklärtheit unerträglich sind. Der Wille zur Beseitigung des Unerträglichen ist der Impuls, aus dem Produktivität erwächst. Produktivität ist nach Binswanger immer Selbstrealisation. Der Künstler bringt verborgene Strukturen – in welcher Form der Wahrheit auch immer – ans Licht. Das bedeutet nicht nur eine Steigerung seiner Welt, sondern zugleich eine Erweiterung und Steigerung seines Selbst. In der Liebe zur reinen Form, im Stil, sieht Binswanger die Vollendung der künstlerischen Selbstrealisation.

Der steile Weg zur künstlerischen Darstellung begann mit dem Leiden Ibsens in seinen hoffnungslosen Jünglingsjahren. Er selbst nennt sein Leben eine lange Passionswoche. Sein Gedicht „Auf den Höhen" sagt einiges aus über seinen leidvollen Aufstieg aus dem alltäglichen Leben und dem an die Welt verfallenen Selbst zur Höhe des künstlerischen Daseins und des künstlerischen Ich-Selbst. Der Aufstieg vollzog sich auf dem harten Weg des In-den-Wind-Schlagens alles dessen, was den Menschen im Alltag beschäftigt. Das bedeutet nach Binswanger kein Verdrängen, sondern eine höchst produktive Entschlossenheit, sich das Leben nur noch in einer höheren Sicht auf die Dinge, sprich in der Kunst zu erschließen. Hier zwei von neun Strophen des Gedichts:

> „Was des Alltags Herz beschäftigt, hat sich selbst den Tod erlesen, hier erst ward mein Geist gekräftigt, nur auf Höhen wächst mein Wesen. Nun schlug ich mein letztes Glück in den Wind, für ein höher Gesicht auf die Dinge.
>
> Nun ward mir all mein Einst zu Spott, Nun gilt's auf Höhen zu wandern. Mein Fuß verschwor den Tieflandstrott; hier auf den Bergen ist Freiheit und Gott, Dort drunten tappen die andern." (Binswanger 1949, S.24)

Da hier die Rede ist von den Höhen und Tiefen, auf oder in denen der Mensch wandeln kann, noch ein Wort zum Aufbau des Ich bei Ibsen (zu seiner vertikalen Rangordnung). Genau wie bei Freud gibt es drei Stufen: die mittlere ist das Ich des Alltags, des täglichen Umgangs mit den Anderen und sich selbst. Darüber steht als ein Höheres das Große (im ethischen Sinn) und das Schöne (im ästhetischen Sinn). Unter dem täglichen Ich steht der Bodensatz des eigenen Wesens, der in die entgegengesetzte Richtung zieht, nämlich in die Richtung von Halbheit, Unwahrheit und Chaos. Regungen in Richtung auf etwas Höheres tauchen blitzhaft und nur in den besten Stunden des Dichters auf und wollen gestaltet werden im Sinne eines Festhaltens des Höheren in sich selbst. Er will darauf hinarbeiten, dass die Werte des Guten, Wahren und Schönen für die Menschen verbindlich werden, damit sie ihre höchste Aufgabe, sich selbst zu realisieren, erfüllen können.

Im dramatischen Kunstwerk steigt Ibsen nicht von den Höhen, auf denen sein Wesen wächst und sein Geist gekräftigt wird, herunter. Vielmehr sucht er von hier ein Zurück zu den Mitmenschen, eine eigentliche Kommunikation mit ihnen. Es geht um ein Zeigen *des höheren Gesichts auf die Dinge* in der Wahrheit der dramatischen Kunst. Ibsen sieht seine Aufgabe als dramatischer Dichter darin, das, was ihn die Erfahrung vom Menschen lehrt, (in immer reineren „Gesichten“) immer klarer zu sehen und in einer immer reineren künstlerischen Form zu gestalten. Die Brücke zwischen dem dramatischen Dichter und dem Zuschauer seiner Kunst bildet das gemeinsame Erleben von zeitlichen und ewigen Fragen, die sich in der Epoche und in der Gesellschaft, der sie angehören, regen. Er sieht als sein Amt das Sehen, Zeigen und Fragen, nicht das Bescheid geben.

Binswanger verwendet zwei räumliche Schemata für die Selbstrealisierung. Es gibt einen Zug in die Weite, wozu das Sammeln von Erfahrungen, das Besitzergreifen von Welt, die Erweiterung des Gesichtskreises, von Übersicht und Umsicht gehört, und ein Steigen in die Höhe, über die jeweilige weltliche Situation hinaus, um das Erfahrene von einer höheren Warte aus zu gestalten, sich anzueignen, wobei auch der Ehrgeiz eine Rolle spielt. Im Gegensatz zum ungefährlichen Schreiten in die Weite, aus der die Rückkehr jederzeit möglich ist, ist das Steigen in die Höhe gefährlich, nämlich vom Absturz bedroht. Im Idealfall steigt der Mensch nicht höher, als seine Erfahrungen bzw. seine Möglichkeiten reichen. Ibsen gestaltet vor allem in seinen letzten Dramen Fälle, in denen Menschen gegen diese Regel verstoßen und daher in ihrer Selbstrealisierung scheitern.

Z.B. in John Gabriel Borkmann geht es um einen ehemals mächtigen und dann wegen Veruntreuung verurteilten Bankdirektor, eines Menschen, der sein ganzes Leben unter das Motto des Machtgewinns und der Machtausübung gestellt hat.

Diesem Machtstreben hat er alles untergeordnet. Deswegen hat er sogar die Frau, die er liebte und heiraten wollte, Ella, seinem Rivalen Rentheim überlassen, der nur unter dieser Bedingung bereit war, ihn zu protegieren. Stattdessen hat Borkmann Ellas Schwester geheiratet. Beide Ehen sind unglücklich verlaufen. Dass er sich an den Menschen, deren Gelder er veruntreut hat, an seiner Frau und an Ella vergangen hat, spielt für Borkmann keine Rolle. Er sieht sich als Ausnahme-Menschen, der ganz nahe daran war, einen genialen Expansionstraum in die Wirklichkeit umzusetzen. Worüber er nicht hinwegkommt, ist die Erfahrung des Scheiterns, die Unvereinbarkeit von Traum und Wirklichkeit. Er sieht nur sich selbst als Opfer seiner Handlungen. Auch das Erlebnis des Absturzes kann ihn nicht zu innerer Umkehr, Wandlung oder Reue bewegen. Er bleibt dabei, sich mit seinen guten Absichten selber zu täuschen. Auch im letzten Gespräch mit Ella gelingt es ihm nicht, sich von seinen Phantasien der Allmacht zu distanzieren und stattdessen Nähe zu seiner ehemaligen Geliebten zu suchen. Ibsen zeigt uns hier einen Menschen, der höher gestiegen ist, als seine Basis, seine Möglichkeiten, reichten, der auch nach seinem Absturz nicht zur Besinnung kommt, nicht von seinem Größentraum ablassen will, nicht zu den Mitmenschen zurückfindet und damit auch die letzte Chance, sich selbst zu realisieren, verpfuscht.

Da das Beispiel von Ibsens Selbstrealisation in Binswangers Schrift soviel Raum einnimmt, möchte ich noch einmal kurz zusammenfassen, welche einzelnen Schritte sich aus Binswangers Selbstfindungs-Konzept ergeben.

Binswanger hat unter dem Eindruck von Heideggers „Sein und Zeit“ das Steigen und Fallen als Daseinsformen herausgearbeitet. Er sagt: Das Dasein ist räumlich. Die Selbstrealisation versteht er als ein Steigen. Dabei ist der Blick nach oben gerichtet, auf einen höheren - geistig-kulturellen - Lebensinhalt, das Große und Schöne. Stufen der Selbstrealisation sind:

- Die Wahrnehmung der Halbheiten (des Nicht-Großen und Unschönen)
- Die Loslösung von den Halbheiten, was auch Trennung von den Menschen bedeutet, die im „Halben“ leben.
- Die Entscheidung für das Leben im Ganzen, in Kunst und Kultur; aber dieser Schritt bedeutet keinen Vollblutegoismus, denn

Der Rückweg zu den Mitmenschen ist erforderlich - er ist von Anfang an intendiert. Ibsen fand den Rückweg zu den Mitmenschen in seinen Dramen, in denen er Menschen zeigte, denen die Selbstrealisierung gelang oder die dabei scheiterten. Authentische Selbstfindung ist jedoch nicht nur in der Kunst möglich, sondern in der Kultur überhaupt mit allen ihren Realisationen - also auch in Wissenschaft,

Philosophie, überhaupt politischer und sozialer Vernunft und Fortschrittsmentalität. Dagegen ist alles, was kulturwidrig ist, dem Selbstsein feindlich.

Das Zeiterleben des Menschen nach Eugen Minkowski

Eugène Minkowski war ein französischer Psychiater und Philosoph polnischer Abstammung. Er lebte von 1885 bis 1972. Zusammen mit Ludwig Binswanger, Viktor Emil von Gebsattel und Erwin Straus gehört er zum sog. Wengener Kreis. Alle waren Psychiater mit philosophisch-anthropologischer Ausrichtung, die sich einmal im Jahr in Wengen in der Schweiz zum wissenschaftlichen Austausch trafen; daher der Name.

Eugen Minkowski ging in Warschau zur Schule und studierte anschließend an der dortigen Universität Medizin. Weil die studentische Jugend in Warschau an der russischen Revolution von 1905 aktiv Anteil nahm - Polen gehörte damals zu Russland - wurde die Universität geschlossen. Um sein Studium fortzusetzen, zog M. nach Deutschland, und zwar nach München. Dort konnte er das Studium 1909 abschließen. Obwohl er plante, früher oder später nach Polen zurückzukehren, verbrachte er die Jahre 1910 bis 1914 mit seiner Frau in München. Seine Tätigkeit im biochemischen Labor seines Doktorvaters befriedigte ihn jedoch nicht. Er suchte daher nach einem eigenen Weg außerhalb der Medizin. Durch einen Zufall stieß er auf zwei Bücher, die seine geistige Orientierung wesentlich beeinflussen sollten: „Zeit und Freiheit. Eine Abhandlung über die Beziehung von Körper und Geist“ von Henri Bergson sowie „Wesen und Formen der Sympathie“ von Max Scheler. Das erste bewirkte - nach seinen eigenen Worten - „dass das Problem der gelebten Zeit zum Kernproblem meiner Beschäftigung wurde“, das zweite „eröffnete <ihm> den Weg zur phänomenologischen Methode“. Mit großem Interesse hörte er Vorlesungen von Alexander Pfänder und anderen Phänomenologen. Bald war er in der Lage, Abhandlungen über philosophische Themen zu schreiben, die in wissenschaftlichen Zeitschriften erschienen. Dadurch wurde z.B. Ludwig Binswanger auf ihn aufmerksam. Der Ausbruch des 1. Weltkriegs trieb ihn als russischen Staatsangehörigen nach Frankreich. Die Kriegszeit als Arzt im französischen Heer führte ihn zur Medizin zurück, und zwar zur Psychiatrie. Das philosophische Forschen trat in den Hintergrund, versiegte aber nicht. An ruhigen Frontabschnitten setzte Minkowski seine Studien über die Zeit fort. Auch nach dem Krieg war er in erster Linie als Psychiater tätig. Die zuvor gesammelten Überlegungen über die Zeit kreisten aber in seinem Denken. Beide Bereiche konnte er zusammenbringen, als er die Spielarten untersuchte, in denen das Zeit-Phänomen in den verschiedenen Psychosen auftritt. Im Vorwort zur „gelebten Zeit" sagt Minkowski, dass er dankbar ist für diesen Umweg, zu dem ihn das Leben gezwungen hat: „Die Psychiatrie brachte mich dem Leben näher." Er sei dadurch auf Zusammenhänge des normalen Seelenlebens aufmerksam geworden, die ihm sonst verborgen geblieben wären.

Er war sich seiner Stellung an der Grenze zwischen Philosophie und Psychopathologie bewusst und bezeichnete sich selbst als „Psychiater-Philosoph". Nach dem 1. Weltkrieg ließ er sich als Psychiater in Paris nieder. Während des Zweiten Weltkriegs wurde er als Jude verfolgt. Außer dem Buch über die gelebte Zeit, das Grundlage dieses Vortrages ist, schrieb er ein bedeutendes Buch über Schizophrenie sowie Abhandlungen über Kosmologie und Psychopathologie. Er starb wie bereits erwähnt 1972. So viel zu seinem Leben.

Was ist die gelebte Zeit? Wie kann man sie definieren?

Wenn im Alltag von Zeit die Rede ist, schaut man auf die Uhr oder den Kalender und erfährt dabei die messbare Zeit, die eigentlich nur eine gleichmäßig zerteilte Bewegung darstellt; einmal ist es der Tageslauf der Sonne, der in einzelne Abschnitte unterteilt wird - so erhält man Stunden, Minuten und Sekunden - zum anderen ist es der jährliche Umlauf der Erde um die Sonne, der in Tage, Wochen und Monate aufgeteilt wird. Der französische Philosoph Henri Bergson nennt diese Zeit, der man unwillkürlich allgemeine und persönliche Ereignisse im Leben zuordnet „die am Raum orientierte Zeit". Sie darf nicht verwechselt werden mit der gänzlich anderen Zeit, die wir Menschen erleben und die Bergson *la durée* (die Dauer) nennt.

Es geht hier auch nicht um die Quantität von Zeit. Die Gedanken über die Zeit haben nichts etwa mit der Organisierung zusätzlicher Freizeitstunden zu tun. Die Fortschritte der Technik erfüllen uns mit Bewunderung, aber keinesfalls mit Genugtuung, sagt Minkowski. Denn das dadurch erzielte Plus an Quantität von Zeit hat nicht zu einer Zunahme an erfüllter Zeit geführt. Die Idee einer „bis an den Rand gefüllten Zeit" ist ein Übel der modernen Zivilisation, das der kritischen Aufarbeitung bedarf.

Auch mit rationaler Logik kommt man nicht an das Zeit-Phänomen heran. Ihre Argumentation führt nicht weiter, wie wir gleich sehen werden. Die Vergangenheit ist vorüber, sie ist also nicht mehr. Die Zukunft ist noch nicht. Die Gegenwart befindet sich so zwischen zwei Nichts; ferner ist die Gegenwart ein Punkt ohne Ausdehnung, das heißt von dem Augenblick an, wo sie da ist, ist sie schon nicht mehr. Das Ergebnis: Die Zeit ist ein Nichts, das sich zwischen zwei Nichts befindet.

Nach H. Bergson stehen dem Menschen aber glücklicherweise zwei Erkenntnisorgane zur Verfügung, nämlich außer dem Intellekt auch die Intuition. Der Intellekt ist ein Mathematiker, er will alles zählen, messen und berechnen und eignet sich deshalb eher für die naturwissenschaftliche Forschung. Die Intuition dagegen ist eine Methode des philosophischen Nachdenkens, die die Phänomene des Lebens als Ganzes erfassen will. Minkowski wählt deshalb wie Bergson nicht den Intellekt, sondern die Intuition für die Erforschung des Phänomens der gelebten Zeit.

Was also ist die gelebte Zeit als Qualität, wenn man sie mit der Intuition zu erfassen versucht? Nach M. ist sie eine „fließende Masse, ein wogender Ozean, erhaben und mächtig, den ich in mir und um mich sehe". Die Zeit fließt dahin, unwiderruflich, aber sie schreitet auch voran, einer unbestimmten Zukunft entgegen. Sie ist ein Werden, das weder Subjekte noch Objekte kennt, weder Anfang noch Ende hat, universell und unpersönlich ist und dennoch ganz nahe bei uns, so nahe, dass sie fast gleichbedeutend ist mit dem Leben. Sie umfasst ebenso mein eigenes Werden wie das Werden des Universums oder das Werden überhaupt. Mein Ich scheint sich in ihr aufzulösen, ohne dass ich deswegen das Gefühl habe, meine personale Integrität werde angetastet.

Das unaufhaltsame Fließen der Zeit kann zunächst beängstigend wirken: Alles entschwindet, nirgends ein Halt in der "reißenden Zeit", der Mensch fühlt sich wie das Gras, „das früh blüht und bald welk wird." M. macht darauf aufmerksam, dass ein solches Gefühl der Vergänglichkeit den Menschen nur in Fällen wie Müdigkeit, Mutlosigkeit oder Enttäuschung überfällt. Abgesehen von solchen Zuständen bzw. Stimmungen haben wir Menschen ein viel angenehmeres Verhältnis zur Zeit: Wir fühlen, wie sich die Zeit vor unseren Augen entfaltet; wir spüren zwar, dass sie gelebte Dauer hinter sich lässt, aber auch, dass neue Entfaltungsmöglichkeiten vor uns liegen, gewissermaßen neue Dauer in der einen oder anderen Richtung. In Anbetracht dieser Kontinuität im Werden haben wir ein Gefühl der Beruhigung. In dieser Kontinuität „lässt sich leben". Die Gegenwart erscheint bei M. „als Hochebene, in der man sich wohlfühlt." Insofern unterscheidet sich M. von Martin Heidegger, nach dessen Existenzphilosophie der Mensch von einer Grundbefindlichkeit der Ungeborgenheit und Angst geprägt ist.

Lebensphilosophie und Lebensschwungkraft

Die Auffassung M.s hängt damit zusammen, dass er ein Anhänger der Lebensphilosophie von Henri Bergson ist. Danach fühlt sich der Mensch durchwaltet von einem „élan vital", einer Lebensschwungkraft, die ihn trägt und in das Werden einfügt, das ihn wie alle Natur und den Kosmos umfasst. Der Élan eröffnet und schafft vor uns die Zukunft, er gibt ihr eine Richtung, indem er das Ziel oder die Ziele sucht, durch die er auf seinem Weg etwas Konkretes realisieren kann. Beispiele wären: Ich will einen bestimmten Beruf ausüben und nehme dafür an einer Ausbildung teil. Ich entwickele ein Interesse für einen bestimmten Autor und besorge mir seine Bücher, um ihn zu lesen. Ich will gesund und körperlich fit bleiben und treibe dafür Sport, usw. Der *Élan vital* schafft gewissermaßen den Rahmen für jede einzelne Aktivität, ohne sich in seinen Zielen zu erschöpfen; denn sobald sie erreicht sind und der Vergangenheit angehören, entdeckt er neue Ziele.

M. spricht in Bezug auf den einzelnen Menschen auch von einem personalen Elan, Durch ihn behauptet sich der Einzelne als Person im allgemeinen Werden. Und zwar enthält der personale Elan den „Willen zum Werk": „Ich strebe vorwärts und verwirkliche etwas". Das bedeutet: ich vollbringe ein Werk, das sich, sobald es vollbracht ist, von mir löst. Es gewinnt als Teil der umgebenden Welt ein von mir unabhängiges Dasein. Das kann z. B. der Tisch sein, den der Tischler anfertigt, es kann auch ein Buch sein, das man geschrieben hat. Mit der Arbeit an dem Werk kommt eine eigentümliche Spannung ins Leben, die im Kontrast zum ursprünglichen Gefühl der Harmonie mit dem umgebenden Werden steht. In der Hingabe an das konkrete Werk kommt es zu einem

> „Bruch zwischen uns und der Welt. Wir wollen uns nicht nur mit ihr verschmelzen, noch weniger uns nur an sie anpassen. Wir wollen unsere Personalität behaupten ... unser Ich der Welt aufprägen, Neues hervorbringen und schaffen." (Minkowski 1973, S.83)

Wir widersetzen uns also in gewisser Weise der Welt und spüren, wie sich der Kontakt zu ihr lockert. Erst wenn das Werk vollendet ist, stellt sich eine Entspannung ein. Und es folgt eine Zeit der Ruhe. Wir verspüren wieder das Bedürfnis, mit der Umwelt, dem umgebenden Werden, zu verschmelzen. M. hebt in unserer unruhigen Zeit den Wert der Ruhe besonders hervor. Wir kosten die Empfindung, mit dem Werden eins zu sein. Bis sich der personale Élan erneut erhebt, sich wieder an ein Werk hingibt und der Kreislauf von neuem beginnt. In diesem Zyklus des personalen Élan wechseln also Zustände der Harmonie und Einheit von Ich und Welt mit denen der Trennung von Ich und Welt.

Zeitdimensionen und Vorrang der Zukunft

Ein zentrales Unterscheidungsmerkmal zwischen Tier und Mensch besteht darin, dass das Tier immer nur im Augenblick zu leben scheint. Es ist „an den Pflock des Augenblicks angekettet", wie sich Nietzsche ausdrückt. Nur für den Menschen eröffnen sich die drei Dimensionen der Zeitlichkeit, d.h. der Vergangenheit, Gegenwart und Zukunft. M. geht davon aus, dass die Zukunft enger mit dem menschlichen Leben verbunden ist und darum einen Vorrang vor den anderen Formen der Zeit hat. Wie wir bereits gesehen haben, ist es die Lebensschwungkraft, die vor uns die Zukunft schafft und ihr eine Richtung gibt. Wenn ich zum Beispiel einen bestimmten Beruf erlernen will oder auch nur wenn ich bis morgen 12 Uhr eine Arbeit beenden will, dann erhält mein Leben durch dieses Ziel eine bestimmte Richtung. „Darum ist die gelebte Zukunft uns auf eine ursprünglichere Weise gegeben als die Vergangenheit. Sie bringt den schöpferischen Faktor ins Leben", der der Vergangenheit fehlt. M. sagt:

„Während die Gegenwart, indem sie sich entfaltet, mehr oder weniger flüchtig erscheint, und während die Vergangenheit sich mehr oder weniger von uns entfernt, öffnet unser Élan vital die Zukunft weit vor uns". (Minkowski 1973, S. 88)

Nach M. gibt es verschiedene Lebensphänomene, in denen sich unser Verhältnis zur Zukunft entfaltet: das sind die Aktivität und die Erwartung, der Wunsch und die Hoffnung, und das Streben nach dem Guten.

Aktivität und Erwartung

Wenn wir beginnen mit Aktivität und Erwartung, dann sind das zwei verschiedene Arten, die Zukunft zu erleben: bei der Aktivität sind wir es, die aktiv in die Zukunft vordringen, bei der Erwartung sehen wir die Zukunft als etwas, das auf uns zukommt. Die Aktivität ist die am wenigsten differenzierte Stufe allen Handelns. Vom Morgen bis zum Abend bleiben wir auf die eine oder andere Art aktiv. Wir leben die Aktivität in einer natürlichen Harmonie mit dem umgebenden Werden, als ob das eine nur ein Widerschein des anderen wäre. Wir bewegen uns hier frei in unserer Welt und fühlen uns daher einfach wohl. Die begleitende Stimmung ist die der elementaren Freude am Leben, weil das Ich hier zur Entfaltung kommt. Unsere Aktivität bildet den einzigen Weg, im Leben wirklich vorwärtszukommen. Auf ihr bauen gleichsam in Stufen die anderen Phänomene auf, die auf die Zukunft gerichtet sind: Wünschen, Hoffen und inneres Streben.

Bei der Erwartung dagegen leben wir die Zeit in der entgegengesetzten Richtung. Wir warten, dass die vorausgeahnte Zukunft Gegenwart werde. M. meint hier nicht die Erwartung eines bestimmten Geschehens, zum Beispiel eines Zuges, der in einer halben Stunde eintreffen muss. Das ist eine Erwartung, die mit messbarer Zeit durchdrungen ist. Darauf kann ich mich einstellen. Ich kann während der halben Stunde ein Buch lesen, auf und ab spazieren usw. M. meint die unbestimmte Erwartung dessen, was die Zukunft bringen wird, also in erster Linie Gefahren, die Leib und Leben bedrohen. Hier fühlen wir die Zukunft mit ihrer ganzen Wucht auf uns zukommen. Diese Erwartung ist immer „voll Angst und Schrecken“. M. vergleicht sie mit einem Eisberg, der plötzlich vor dem Bug des Schiffes auftaucht und dieses in einem Augenblick zerschellt. Die Erwartung bewirkt demnach ein Kleinerwerden, Zusammenschrumpfen. Während ich in der Aktivität, in der Entfaltung in einer „leeren“ Umwelt „Alles“ bin, bin ich in der Erwartung, mithin in der Gefahr vom umgebenden Werden verschlungen zu werden, „Nichts“. Nimmt man beides zusammen, so sind wir begrenzte Wesen, in der Welt lebend, um darin unsere Aktivität zu entfalten, und ebenso fähig, die von außen kommenden Anstöße zu empfangen - was im ungünstigsten Fall die eigene Vernichtung bedeuten kann.

Wunsch und Hoffnung

Wunsch und Hoffnung gehen über den unmittelbaren Spielraum der Aktivität hinaus und erweitern unser Sichtfeld in die Zukunft. M. meint mit den Wünschen solche, die sich auf die Entfaltung der Persönlichkeit beziehen. Das Haben materieller Güter lässt er nur als Hilfsmittel zu diesem Ziel gelten. Wünsche bestehen unabhängig von der Frage, ob sie erreichbar sind. Dadurch sind sie inniger mit dem Ich verbunden. Das gilt auch für die Hoffnung, die uns von der angstvollen Erwartung befreit. In der Hoffnung sehen wir über die enge unmittelbare Zukunft hinaus eine fernere Zukunft, die weiter und voller Versprechen ist. Der Reichtum der Zukunft öffnet sich damit vor uns. Wunsch und Hoffnung sind beide Ausdruck von Lebensbejahung. Es ist gut zu leben, weil es wohltuend ist, zu wünschen und zu hoffen.

Auch das Streben nach sittlichem Tun wird von M. als Grundform der gelebten Zeit angesehen. Die Suche nach dem Guten gehört zum Wesen des Werdens, sie ist ein wesentliches Aufbauelement des so kurzen Lebens. Von einem gewissen Augenblick an verschmilzt sie mit dem Werden selbst und öffnet unserer Aktivität und unseren Wünschen eine einleuchtende Zukunft. Würde sie fehlen, so würde die Zukunft „sich vor uns eigenartig verengen; sie würde gerade noch existieren, aber blind, fahl und ohne Leben“. Dass das sittliche Streben oft fehlt, ist kein Einwand dagegen. Dann bleibt die zeitliche Struktur des Daseins eben unvollständig.

Das erstrebte Gute ist ein Wert, also etwas Geistiges, es schwebt quasi über der Realität. Es zählt erst von dem Augenblick an, wo wir genügend Kraft finden, seinem Anruf Folge zu leisten. Ein anschauliches Beispiel für eine sittliche Handlung finden wir in Conrad Ferdinand Meyers Ballade „Die Füße im Feuer". Bei Sturm und Gewitter sucht ein Reiter in Diensten des Königs Schutz in einem Schloss. Der Schlossherr lässt ihn herein, bietet ihm Nahrung und Unterkunft an. Als der Reiter sich am Herd aufwärmt, erinnert er sich, dass er schon einmal in diesem Saal gewesen ist. Auf der Jagd nach Hugenotten vor einigen Jahren hat er die Ehefrau des Schlossherrn gefoltert, indem er ihre Füße in die Glut eben jenes Herdes gestoßen hat, vor dem er jetzt sitzt. Dabei fand sie den Tod. Auch der Schlossherr hat ihn erkannt, gibt ihm aber Speise und Trank und das Turmzimmer zum Schlafen, weil es die Gastfreundschaft gebietet. Der Reiter ist todmüde, verriegelt die Tür und hat Angstträume. Am Morgen weckt ihn der Schlossherr, der durch die Tapetentür eingetreten ist, und lässt ihn davonreiten. Im Kampf mit sich selbst sind seine Haare über Nacht grau geworden. Das ist ein Beispiel für eine sittliche Handlung, in diesem Fall durch ein Unterlassen. Der Schlossherr hätte Vergeltung üben können.

Eine sittliche Handlung trägt ihren Wert in sich selbst, auch dann, wenn sie nicht von anderen bemerkt werden sollte. Es bleibt ein Lichtstrahl, denn die ethische Tat dauert fort. Sie ist die einzige Handlung, die dem Werden standhält. Hier gelingt also der Durchbruch durch die vergehende Zeit. Er gehört als ein Äußerstes mit zur erfüllten Zeitlichkeit. In der sittlichen Handlung sehen wir, wie sich das Universum in seiner ganzen Größe vor uns eröffnet; und wir selbst haben an dieser Größe unmittelbar teil. Das gibt uns ein Gefühl der Freiheit, was wiederum ein Gefühl der Freude auslöst.

Die ethische Tendenz bildet den Horizont des Lebens in seiner ganzen Weite und Größe. Sie schafft den Rahmen, in den sich die anderen Lebensphänomene – Aktivität, Wunsch, Hoffnung – stufenweise einordnen. Die Zukunft wird im sittlichen Streben als Ideal gesehen, als Ziel, das zu verwirklichen, was es in uns an Höchstem gibt.

Im ethischen Elan ist seinem Wesen nach der Begriff des Mitmenschen enthalten, weil er dort, wo er verwirklicht wird, Humanität manifestiert – und sei es auch nur virtuell. Denn sittliches Tun ist nur dort möglich, wo es eine Gemeinschaft gibt. Nicht, weil meine Handlungen nützlich oder schädlich für andere sein können, sondern weil das Streben nach dem Guten die Idee einer innigen Vereinigung gerade mit den Mitmenschen enthält – wenn nicht mit ihnen, wie sie sind, so doch mit ihnen, wie sie sein könnten. Wenn ich durch entsprechendes Handeln die höchste Stufe erreiche, die dem Menschen möglich ist, so fühle ich mich niemals vereinsamt, sondern wie mitten unter meinesgleichen. Ich finde mich dann im Kreis idealer Gestalten, die das Vorbild der Gemeinschaft darstellen.

Das Streben nach dem Guten als eine der Grundformen der gelebten Zeit bleibt auch dann erhalten, wenn im Alter die körperlichen Kräfte abnehmen und das Lebensende ins Visier gerät; denn die Wertwelt bleibt, die Werte sind ewig. Selbst angesichts des Todes kann sich unser Blick auf diese Zukunft richten, die wir in uns tragen als Sinn unserer Existenz. Eigentlich müsste man sagen: mein Körper geht dem Tod entgegen, aber das Leben in mir geht der Zukunft entgegen, einer Zukunft, die über mein Ableben hinausgeht. Der ethische Elan äußert sich bei uns, indem er den Tod übersteigt durch die ununterbrochene und immer gleiche Suche nach dem Guten und Besseren. Das beste Beispiel sind Wissenschaftler und Künstler, die Wertvolles zu unserer Kultur beigetragen haben, aber längst gestorben sind.

Vergangenheit und Gegenwart

Vergangenheit und Gegenwart spielen in M.s Sicht vom Zeiterleben des Menschen eine geringere Rolle als die Zukunft, weil der schöpferische Faktor hier nicht zum Tragen kommt. Anders als die Zukunft zeigt sich die Vergangenheit nicht in Gestalt von aufeinanderfolgenden Stufen, die unabhängig voneinander ihren eigenen Wert besitzen; im Gegenteil, sie verdichtet sich, indem unbedeutende Ereignisse vergessen werden. Sie behält aber ihre Kraft, sodass sie eine konzentrierte Grundlage bildet, aus der unser Elan von neuem ausbricht, um uns zur Zukunft hinzuführen. Darin sieht M. auch die Funktion des Gedächtnisses, es schaut in gewisser Weise auch nach vorn, indem die zusammengeballte Vergangenheit darin als Überholtes oder zu Überholendes erscheint.

Das Zeiterleben der Gegenwart ist von dem der Vergangenheit völlig verschieden. Die Grenzen der Gegenwart haben etwas Fließendes. Die Gegenwart ist für uns je nach den Umständen der gegenwärtige Augenblick (das Jetzt), das Heute oder die gegenwärtige Epoche. Vergangenheit und Zukunft existieren nur in bezug auf die Gegenwart und haben darin ihren Sinn. Die Gegenwart erscheint als Hochebene, auf der man sich wohlfühlt; denn es gibt immer eine Art freien Raum vor mir, in dem sich mein Leben entfalten kann. Sie strahlt also aus, indem sie den Horizont der Zukunft vor mir eröffnet. Die Gegenwart geht zwar mehr oder weniger schnell vorbei, sie wird aber durch den anregenden Glanz des Zukünftigen belebt.

Zum Abschluss dieser Gedanken noch ein Zitat:

„Bevor ein Ziel voll erreicht ist, sehen wir uns schon einem anderen zustreben. Jedes erreichte Ziel stellt für uns nur eine Etappe dar, eine Etappe, die die nächste vorbereitet; es scheint im Leben keine Ruhe zu geben; wir haben hier unsere Aufgabe nie erfüllt; wir müssen immer weiter schreiten; und nur ausnahmsweise mischt sich in diese Notwendigkeit ein Gefühl der höchsten Not, dies geschieht nur unter ganz und gar abnormen Bedingungen (etwa in Kriegszeiten oder bei Naturkatastrophen); denn in Wirklichkeit sind diese immer wieder neuen Ziele und das darauf basierende Fortschreiten, Ausdruck der blühenden Lebenskraft und Lebensbejahung. ... Und wenn das Gesamt unserer aufeinanderfolgenden Ziele sich auf einer Linie zu ordnen scheint, so ist das ... die personale Linie unseres Lebens ..." (Minkowski 1973, S. 50).

Folgen aus Minkowskis Zeitverständnis

Das Zeitverständnis Minkowskis – seine Auffassung, dass uns die Zukunft offensteht als Freiraum für unsere Aktivitäten – ist ein starkes Argument dafür, dass es im Menschenleben „Freiheit" gibt. Seine Sicht, dass sich aus den Zielen, die wir uns im Leben setzen und dann verwirklichen, unsere personale Identität ergibt, sollte Anlass für einen sorgfältigen Gebrauch der eigenen Zeit sein. Ihre Maxime müsste ungefähr lauten: Handle so, dass du im jeweiligen Augenblick soweit möglich das Ganze deines Lebens vorschweben hast und deine Aktivitäten auf ein Ziel richtest, mit dem du dich identifizieren kannst. Gewiss muss man einen Großteil der eigenen Zeit für Broterwerb und ähnliche lebensnotwendige Dinge aufwenden. Meist sind die Verhältnisse aber so, dass man gewisse „Zeitstrecken" zur Verfügung hat, die man nach eigenem Sinn und Verstand nützen kann. Dabei darf man nicht vergessen, dass das Leben kurz ist. Daher soll man das bisschen Lebenszeit nicht leerlaufen lassen, sondern mit Inhalt und Bedeutung füllen.

Der Psychologe und Psychotherapeut kennt viele eingeschränkte Formen des Zeiterlebens. Beim Kind ist das nichts Abnormes. Kinder können und dürfen im Augenblick leben. Ihre heitere Unbeschwertheit, die weder düstere Zukunftsvisionen noch Schuld und Reue über Vergangenes kennt, macht den Reiz des Kindesalters aus. Bei Erwachsenen müssen schon abnorme Belastungen zusammentreffen, wenn Zukunft und eigene Ziele völlig aus dem Bewusstsein verschwinden und sie nur noch von Tag zu Tag leben können. Zum Beispiel in Kriegszeiten ist das punktuelle Vegetieren oft das Einzige, was davon Betroffene noch zustande bringen können.

In geordneten Zeiten ist das Leben von Augenblick zu Augenblick anders zu bewerten. In vielen Neurosen zeigt eine solche Lebensweise eine gelockerte Beziehung zur Realität an. Der neurotische Mensch hat oft wenig Aufmerksamkeit für seine gegenwärtige Situation. Er übersieht geflissentlich die möglichen Aktivitäten, die ihm in Arbeit, Liebe und Gemeinschaft durch das „Hier und Heute“ aufgegeben werden. Stattdessen grübelt er eventuell unfruchtbar über versäumte Gelegenheiten oder ihm angeblich angetanes Unrecht in seiner Vergangenheit; oder er denkt sich wünschend und hoffend in eine großartige Zukunft hinein. Dabei bedenkt er jedoch nicht, dass er nichts mehr scheut als die Mühen, die mit ihrer Realisierung verbunden wären.

In der Psychotherapie geht es darum, solche Menschen von Selbsttäuschungen wie Rationalisierungen, Projektionen und Verdrängungen zu befreien und ihnen dabei behilflich zu sein, ihr verschüttetes Gefühlsleben wieder zu entdecken. Nur durch das Erwachen lebendiger Gefühle kann der Mensch wieder in die Lage versetzt werden, in sich das Strömen der ihm zugemessenen Zeit zu erleben, und damit verbunden jenen Drang, sein Leben durch Handeln mit Sinn und Bedeutung zu füllen.

Die Entwicklung des Selbst im Säuglingsalter nach Daniel Stern

Selbstwerden und Selbstsein des Menschen sind wichtige Aspekte des Menschenbildes, die uns die Anthropologie eröffnet hat. Wir Erwachsene haben ein sehr reales Selbstempfinden, was unser tägliches soziales Erleben durchdringt. Die Frage ist, ab wann beim Menschen ein solches Selbsterleben - und die damit verbundene Möglichkeit seiner Entwicklung - einsetzt. Bedarf es hierzu der Fähigkeit zu Sprache und Begriffsbildung? Das würde bedeuten, dass das Selbsterleben erst mit etwa 1 ½ Jahren begänne? Denn erst in diesem Alter wird ein Stadium der Hirnreifung erreicht, das für das bewusste Erleben und Reflektieren von Gefühlszuständen erforderlich ist: die Verknüpfung von Mandelkern, Thalamus und Hypothalamus mit dem präfrontalen Kortex. Oder gibt es auch schon in der Zeit vor dem Spracherwerb, eventuell schon ab der Geburt eine Art Selbsterleben? Um derartige Fragen zu beantworten, hat die moderne Säuglingsforschung Säuglinge in experimentellen Situationen direkt beobachtet. Diese Methode ist vor allem mit dem Namen Daniel Stern verbunden, über dessen Untersuchungen ich heute berichten will.

Daniel Stern ist 1934 geboren und lebte bis November 2012. Er war Vater von fünf Kindern. Als Kinderpsychiater in den USA wurde er einer der führenden Säuglingsforscher. Ein frühes Kindheitserlebnis prädestinierte ihn für seine empirischen Forschungen. Als Zweijähriger musste er für 5 Monate in ein fremdsprachiges Spital. Da er nicht verstand, was im Krankenhaus gesprochen wurde, war er ganz darauf angewiesen, zu beobachten, wie seine dortigen Betreuer sich verhielten, was sich in ihren Gesichtern zeigte, wie sie sich bewegten, wie ihre Stimmen klangen. Diese Fähigkeit zum Entschlüsseln im nonverbalen Bereich hat er nach seinen eigenen Worten nie mehr verloren. Hier wurde also das Fundament für seine spätere empirische Säuglingsforschung gelegt, bei der Mutter-Kind-Interaktionen sehr genau beobachtet werden. Grundlage meiner Ausführungen ist hauptsächlich sein 1990 erschienenes „Tagebuch eines Babys“, in dem er das Erleben eines Säuglings anschaulich macht, ferner „Die Lebenserfahrung des Säuglings“ sowie „Mutter und Kind. Die erste Beziehung“.

Die erstaunlichen Fortschritte der Säuglingsforschung seit etwa 1975 hängen damit zusammen, dass Stern und andere neue Methoden der Beobachtung gefunden haben. Auf die Fragen, was sehen, riechen, fühlen, denken oder wünschen Säuglinge, haben sie Antworten gefunden mit Hilfe dreier Verhaltensweisen, die Säuglinge von Geburt an beherrschen: den Kopf zur Seite wenden (wenn sie auf dem Rücken liegen), saugen und blicken. Auf die Frage, ob ein 2 Tage alter Säugling die Mutter an ihrem Geruch erkennt, erhielt man auf folgende Weise eine Antwort: Man legte eine mit der Milch seiner Mutter durchtränkte Stilleinlage rechts neben seinen Kopf und links daneben die Stilleinlage mit der Milch einer fremden Frau. Der Säugling wendete seinen Kopf eindeutig nach rechts. Vertauschte man die Einlagen, wendete er den Kopf nach links. Ergebnis: Er erkennt den mütterlichen Geruch und bevorzugt ihn vor dem anderen. Zur Klärung der Frage, was ein Baby am liebsten betrachtet, hat man dem Baby einen Schnuller mit einem elektronischen Druckumwandler gegeben. Dieser wird mit einem Diaprojektor verbunden, der dem Kind infrage kommendes Bildmaterial zeigt. Ein 3 Monate alter Säugling lernt sehr rasch, dass er nur an seinem Schnuller zu saugen braucht, wenn er ein neues Bild sehen will. Möchte er das Bild dagegen länger betrachten, so hält er mit dem Saugen inne. Auf diese Weise lassen sich ohne weiteres die visuellen Vorlieben des Säuglings herausfinden. Mit dem Blickverhalten des Säuglings hat man herausgefunden, dass der Säugling eine Vorliebe für menschliche Gesichter hat und sie verschiedenen anderen Mustern vorzieht. Derartige experimentelle, aber auch natürliche Beobachtungen von Säuglingen ermöglichen der Entwicklungspsychologie Rückschlüsse auf das subjektive Erleben von ihnen. Vom „beobachteten Säugling“ ist der „klinisch rekonstruierte Säugling“ zu unterscheiden. Letzterer ist eine gemeinsame Schöpfung des erwachsenen Patienten, der sich an seine frühe Kindheit erinnert, und seines Therapeuten, der eine Theorie über das frühkindliche Erleben hat. Stern will auch diesen Ansatz berücksichtigen. Beide Herangehensweisen ergeben zwei Versionen der gelebten sozialen Erfahrung des Säuglings, zu der auch sein Selbstempfinden gehört.

Die oben gestellte Frage, ob es beim Kleinkind schon ein Selbsterleben vor dem Spracherwerb gibt, wird von Stern eindeutig bejaht. Es ist eine Grundannahme von ihm, dass das Selbstempfinden wesentlich früher einsetzt, zum Teil schon bei der Geburt, eventuell auch schon früher. Mit Selbstempfinden meint Stern ein einfaches Gewahrsein auf einer Ebene unmittelbaren Erlebens, nicht auf einer begrifflichen Ebene. Klinische Beobachtungen des Entwicklungsprozesses sprechen nachhaltig für die Annahme eines frühkindlichen Selbstempfindens. Eltern, Kinderärzte, Psychologen, Psychiater und Neurologen stimmen darin überein, dass verschiedene Stufen der Integration des Selbst in Entwicklungssprüngen erreicht werden.

Nach Stern beginnt diese Entwicklung mit dem „auftauchenden Selbst“, ein erstes Gespür, selbst zu sein, was sich aus der Verbindung verschiedener Sinneseindrücke ergibt, bis zum Alter von etwa 2 Monaten. Zwischen dem 3. und 7. Monat entwickelt sich dann das „Kern-Selbst“, eine Struktur des Erlebens, die mit dem Empfinden einhergeht, Urheber von Körperaktivitäten zu sein – z.B. wenn ich die Augen schließe, wird es dunkel. Ab dem 9. Monat entsteht das „subjektive Selbst“, in dem der Säugling merkt, dass er ein eigenes inneres Erleben hat, und dass dies auch bei anderen Menschen der Fall ist. Darauf baut schließlich das „verbale Selbst“ mit Spracherwerb und beginnender Selbstreflexion auf. Ich beschränke mich hier auf die ersten beiden Stufen der Selbstentwicklung – das „auftauchende Selbst“ und das „Kern-Selbst“, weil hier die Basis für den Aufbau einer Person geschaffen wird – und der zeitliche Rahmen meiner Ausführungen auch nicht mehr zulässt.

Ich komme deshalb zum „Tagebuch eines Babys“, in dem Stern den Morgen eines Babys mit dem Namen „Joey“ in mehreren Episoden schildert. Ich trage sie gekürzt, aber weitgehend in der Sprache Sterns vor.

Die Entwicklung des Säuglings vollzieht sich in unregelmäßigen Sprüngen, die ihn in eine immer vielschichtiger werdende Erfahrungswelt hineintragen. Stern zeigt in kurzen Szenen, wie der Säugling Joey die Entfaltung seiner sich immer komplexer gestaltenden Welt erfährt.

„Zu Beginn, im Alter von 6 Wochen, befindet sich Joey noch in der ersten seiner Welten. Das ist die Welt der Gefühle, in der seine Eindrücke und Erfahrungen noch ganz in seiner jeweiligen inneren Gestimmtheit verankert sind.“ (Stern 1993, S.16)

Gerade die ersten Eindrücke des Babys sind rein gefühlshaft. Joey kennt weder den Namen noch die Funktion von dem, was er mit seinen Sinnen wahrnimmt. Und eben wegen dieser mangelnden Kenntnisse sind die Sinneseindrücke noch sehr diffus. „Wenn ihn die Mutter anspricht, fällt ihm nicht einmal auf, dass der Klang ihrer Stimme etwas anderes ist als ein Lichtschein oder eine Berührung.“ (Stern 1993, S. 21) Wofür er aber sehr empfänglich ist, das sind die Gefühle, die in diesem Klang zum Ausdruck kommen. Ist der Klang wohltuend und freundlich, dann beruhigt es ihn; klingt die Stimme gespannt und ungestüm, so wird er hellwach und je nachdem auch schon ängstlich reagieren. Denn Joey kann noch nicht richtig trennen zwischen innen und außen. Diese Grenze ist noch ganz verschwommen.

„Wie etwa in der Musik ein Akkord oder ein paar Takte ... so verändern sich Joeys Wahrnehmungen und Gefühle: mal ein plötzliches Aufflackern von Interesse, mal das An- und Abschwellen des Hungerschmerzes ... Joey erlebt das Leben als Folge solcher aneinandergereihten Augenblicke." (Stern 1993, S. 22)

7.05 Uhr morgens - Ein Sonnenstrahl

Der Sonnenschein an der Wand, den Joey nach dem Aufwachen neben seinem Kinderbett erblickt, erregt seine Aufmerksamkeit und hält ihn in Bann. Die Helligkeit und Intensität faszinieren ihn. Joey beginnt, das Innere des Lichtflecks zu erkunden. „Der Sonnenstrahl wird für ihn lebendig, er beginnt sich zu bewegen - zu tanzen - und sich in Farbe und Gestalt zu verändern." (Stern 1993, S. 28) Der Lichtfleck scheint immer näher zu kommen infolge des Farbenspiels. Der Sonnenstrahl wirkt gelblich auf der weißen Wand, die bläulich schimmert, wo sie der Sonnenstrahl nicht trifft. „Warme" Farben wie gelb scheinen sich nach vorn zu bewegen, während „kühlere" Farben wie blau zurücktreten. Daher hat Joey den Eindruck, der Sonnenstrahl würde sich auf ihn zu nach vorn bewegen, während die Wand drum herum sich von ihm fortbewegt. Kleinkinder mögen Erlebnisse mit anwachsender Spannung und Erregung, solange der Anstieg nicht zu schnell erfolgt oder zu weit geht. Wenn Joey merkt, dass es sich um ein immerwährendes Näherkommen handelt, verliert es den Reiz des Neuen und Spannenden und Joey wendet sich gelangweilt ab.

Im Alter von 6 Wochen ist Joeys Sehfähigkeit schon recht gut entwickelt, er erkennt bereits verschiedene Farben, Formen und Intensitätsgrade. Die Intensität seines Gefühls einem Sinneseindruck gegenüber ist der erste Anhaltspunkt des Säuglings dafür, ob er darauf zugehen oder sich davon fernhalten soll. Die Intensität kann seine Aufmerksamkeit und Neugier leiten und sein inneres Erregungsniveau bestimmen. Ein schwacher Reiz wie z.B. eine bei Tag brennende Lampe übt keine starke Anziehungskraft auf ihn aus. Ist er zu intensiv wie eine direkte Sonneneinstrahlung, meidet er ihn. Ist der Eindruck jedoch mäßig intensiv, wie der Reflex des Sonnenlichts an der Wand, ist der Säugling wie verzaubert. Die gerade noch erträgliche Intensität erhöht seine Lebhaftigkeit und aktiviert sein ganzes Wesen. In diesem Alter blicken Babys häufig Dinge unverwandt an, als würde ihr Blick festgehalten. Dabei scheint das Baby geistig aktiv zu sein. Die sinnliche Wahrnehmung ruft Gefühle wach, die wiederum eine Neugier-Aktivität auslösen. Eine ähnliche Faszination geht davon aus, wenn sich Farben oder Formen verändern.

7.07 Uhr morgens - Klingender Raum

Jetzt gerät ein Gitterstab seines Bettchens direkt vor seinen Augen in sein Blickfeld. Er wird von dem dunklen, schimmernden Stück Holz regelrecht bedrängt. Der Stab erregt sofort seine Aufmerksamkeit, weil er ihm sehr nah ist und dadurch klar begrenzt, deutlicher und fester wirkt. Er versucht nun, mit Wahrnehmungen und Gefühlen die fundamentale Erfahrung zu fassen zu bekommen. Der Stab besitzt für ihn einen Gefühlston, der anders ist als alles Übrige in diesem Raum. Auch die Qualitäten des Gitterstabes - lang, dünn mit leuchtenden Stellen, wo das Licht vom Lack reflektiert wird - wecken in Joey Gefühle. Jeder Sinneseindruck hinterlässt bei Joey eine Art Nachbild. Daher bemerkt er die Ähnlichkeit des zweiten Gitterstabes im Verhältnis zum ersten und erkundet nun, ob seine Erfahrungen mit den Gitterstäben identisch oder verschieden sind. Schließlich stellt er einen geringen Unterschied durch Entfernung, Blickwinkel, Schatteneinfall etc. fest. Joey nimmt allmählich auch den Kontrast zwischen der festen, klaren Qualität der Gitterstäbe im Vordergrund und der diffuseren, weicheren Qualität von Wand und Tür dahinter wahr. Beim scheinbar ziellosen Hin- und Herspringen zwischen den beiden Punkten findet ein kreativer Prozess statt: die klaren Akzente der Gitterstäbe machen das Verschwommen- Weiche des Hintergrunds sichtbar, während der diffuse Hintergrund die klaren Umrisse der Gitterstäbe hervorhebt. Jedes Mal wenn Joey den Blickwinkel wechselt, wird das Gegenstück zum Vorherigen für ihn lebendiger. Der Raum um Joey wird langsam eins vor seinem geistigen Auge.

Plötzlich blitzt eine Sternschnuppe vorbei und ist schon verschwunden. Wenn Joey etwas intensiv ansieht, kommt es vor, dass er mit den Armen rudert. In diesem Moment ist einer seiner Arme in sein Gesichtsfeld geschwenkt und dann wieder zurückgefallen. Babys sind höchst interessiert an Dingen, die sich bewegen. Joey weiß aber nicht, dass es sich um seinen Arm handelt, er nimmt lediglich die Bewegung wahr. Es ist eine weitere Integrationsaufgabe beim Aufbau seiner Welt, dass er begreift, dass der Arm, den er in Bewegung sieht, derselbe ist, welchen er sich bewegen fühlt und auch wie der, den er bewegen will. Der Säugling muss die riesige Aufgabe bewältigen, die verschiedenen Elemente der Welt, die über Wahrnehmung und Gefühl erstmalig auf ihn zukommen, in einen Zusammenhang zu bringen.

Anschließend beschreibt Stern unter dem Titel „Hungersturm", wie bei Joey das wachsende Hungergefühl zu Brüchen in seiner Wahrnehmung und in seinem Erleben führt. Das immer dominanter werdende Bedürfnis ergreift vor allem seinen Atem, der immer schneller und abgehackter wird, und seine Bewegungen, er fängt an, mit Armen und Beinen zu strampeln. Schließlich steigern sich anfängliche Jammerlaute zu lautem Schreien. Das ist ein zielgerichtetes Signal, um seine Eltern herbeizurufen.

7.25 Uhr morgens - Der Hungersturm verebbt

Joeys Mutter betritt das Zimmer und ruft seinen Namen. Sie spricht beruhigend zu ihm und nimmt ihn auf, um ihn auf das Stillen vorzubereiten. Dadurch kommen vier neue Elemente in Joeys Weltbild: Geräusche, Berührung, Bewegung und eine neue Körperhaltung. Die Melodie ihrer Stimme ist wie eine Decke, mit der sie das Kind einhüllt. Die Berührung und die neue Körperhaltung sind weitere Elemente der „Umhüllung". Dies gilt besonders für den Kontakt zwischen den beiden Körpervorderseiten, also für die Umarmungsposition. Diese Art des Körperkontaktes ist am besten in der Lage, jemanden zu trösten, wenn er erregt oder verzweifelt ist. Außerdem bringt die Umarmung Joey in eine senkrechte Position, eine für sein Alter sehr interessante Haltung, die ihn körperlich ruhiger und geistig wacher und offener werden lässt für das, was er um sich herum wahrnimmt. Joey hat nun das Gefühl, alles sei in Bewegung und dabei, sich zu normalisieren. Seine Welt wird ruhiger. Während die Mutter ihn in die richtige Position bringt, wiegt sie ihn hin und her und streichelt ihn. All diese angenehmen Veränderungen brechen die Kraft der Schrei-Bewegungen. Joey begreift, dass sich damit eine Erleichterung seines Unbehagens ankündigt. Im Alter von 6 Wochen wird er wohl auch schon den Zusammenhang zwischen dem Auftauchen seiner Mutter, ihren Handlungen und dem Stillen seines Hungers herausgefunden haben. Joeys Anteil am Vorgang des Stillens - das Suchen der Brustwarze und das Saugen - ist genetisch vorprogrammiert und läuft quasi automatisch ab.

Den Übergang zwischen seinen verschiedenen Bewusstseinszuständen Schlafen, Dösen, wache Inaktivität, wache Aktivität, Schreien und akuter Hunger durchlebt er in diesem Alter nicht kontinuierlich, sondern in Sprüngen. Daher empfindet Joey nach dem Stillen: „Alles ist neu erschaffen. Der Sturm ist vorüber. Der Wind hat sich gelegt." (Stern 1993, S. 48) Beim Wiedereintritt in diese veränderte Welt sieht er als erstes das Gesicht seiner Mutter. Es liegt in seiner Blickrichtung und hat genau die Entfernung von ca. 20 cm, in der ein Säugling das deutlichste, schärfste Bild sieht. Nach dem Urteil vieler Forscher ist dem Kleinkind eine Vorliebe für das menschliche Gesicht angeboren. Sie kommt im Verhalten des Säuglings zum Ausdruck, ohne dass er dies lernen müsste. Wenn er beim Stillen die fließenden Linien und angenehmen Formen im Gesicht seiner Mutter betrachtet, besteht ein Einklang zwischen seiner inneren Zufriedenheit und Freude und dem Auftauchen des anziehenden mütterlichen Gesichts. In Joeys Leben kommt jetzt „eine lebenswichtige Verbindung zwischen dem Zyklus Befriedigung, Wohlbefinden, Belebung und der Anwesenheit, dem Gesicht und den Handlungen der Mutter zustande." (Stern 1993, S. 49) Stern nimmt an, dass das Baby nun anfängt, sich ein Modell, eine Art geistiges Abbild der Mutter zu schaffen. Andere Teilstücke ihrer Interaktion mit ihm kommen nach und nach hinzu, z.B. ihre Art, ihn zu trösten, ihn anzuregen usw. Das geistige Modell von seiner Mutter wird ihm als Prototyp dafür dienen, was er im späteren Leben von anderen geliebten Menschen erwarten wird.

Die Welt der direkten Kontakte - Joey im Alter von viereinhalb Monaten

Zwischen dem zweiten und dritten Lebensmonat macht das visuell-motorische System des Säuglings einen Entwicklungssprung. Der Säugling wird fähig, die Augen seiner Mutter visuell zu fixieren und diese Fixierung beizubehalten, wobei die Augen weit offen stehen und aufleuchten. Dadurch wird die soziale Interaktion mit der Mutter auf eine neue Ebene hinaufgehoben. „Die Mutter gewinnt zum ersten Mal den sicheren Eindruck, dass das Baby wirklich **sie** anschaut, mehr noch, dass es **ihr** in die Augen blickt." (Stern 2000, S. 50) Sie fühlt, dass es ein direkt reagierendes Menschenwesen ist, mit dem sie nun eine Beziehung hat. Noch sind die sozialen Interaktionen allerdings auf die allernächste Nähe beschränkt, auf den Kontakt von Angesicht zu Angesicht und auf das „Hier und Jetzt zwischen uns". Seine Vorliebe für das Gesicht entspricht seiner visuellen Ausstattung. Es zieht Rundungen und Wölbungen wie bei Augenbrauen und Wangen geraden Linien vor und mag starke Hell-Dunkel-Kontraste wie die Pupille im Kontrast zum weißen Augapfel. Es ist fasziniert von der Bewegung der Lippen beim Sprechen und von der Mimik. Das Gesicht der Mutter ist nicht nur lebendig, es reagiert auch lebhaft auf alles, was Joey tut. Dadurch fühlt er sich mit ihr ganz besonders verbunden. Schließlich löst das Gesicht der Mutter sein erstes soziales Lächeln aus.

Wichtig für seinen Eintritt in die soziale Welt ist, dass er jetzt seinen Blick kontrollieren kann. Er kann nun „selbst bestimmen, wohin er seinen Blick richtet und was er wie lange betrachtet." (Stern 1993, S. 53) Das ist wichtig für die Aufnahme von sozialem Kontakt, weil der sich nur über das Sich-Anblicken entfaltet. Er kann den Kontakt zur Mutter herstellen, indem er sie ansieht, und ihn beenden, indem er den Kopf wegdreht. Wenn ihn die Mutter zum Kontakt auffordert, kann er das ablehnen, indem er sie nicht ansieht. Er ist also schon zu diesem frühen Zeitpunkt ein Experte in der Interaktion mit anderen Menschen. Der Austausch von Blicken ist in dieser Phase bedeutsamer als Worte. Visuell, z.B. durch einen strahlenden

Blick, kann er seine Freude oder andere Gefühle zum Ausdruck bringen. Dazu bringt Stern folgende Szene:

Joey sitzt auf dem Schoß seiner Mutter, sein Gesicht ist ihr zugewandt. Sie schaut ihn an, aber ihr Gesicht ist ausdruckslos, als wäre sie mit ihren Gedanken weit weg. Joeys Blick wandert über ihr Gesicht, schließlich sieht er ihr in die Augen. Nun schauen beide einander wortlos für eine Weile an. Schließlich durchbricht Joeys Mutter die Verzauberung mit einem kleinen Lächeln. Sich rasch nach vorne beugend erwidert Joey ihr Lächeln. Nun strahlen sich beide gegenseitig an. Man könnte auch sagen: beide tauschen eine Weile wechselseitig freundlich lächelnd Blicke aus. Dann fängt die Mutter ein Spiel an. Sich zu ihm vorbeugend verzieht sie ihr Gesicht zu einem Ausdruck übertriebener Überraschung. Scherzend stupst sie ihre Nasenspitze an die seine und gibt dabei lustig gurrende Laute von sich. Joey quietscht vor Entzücken. Nach einer Pause wiederholt sie das Spiel. Als sie bei einer weiteren Wiederholung das Gesicht bedrohlich verzieht und „oooh" macht, wechselt sein Gesichtsausdruck, er verdüstert sich. Er schließt die Augen und wendet den Kopf ab. Erst als sie nach einer Weile leise mit ihm flüstert und ihn einladend anlächelt, wendet er sich ihr wieder zu. Für das Baby sind die Augen seines Gegenübers nicht nur die Mitte des Gesichts, sondern auch die „Mitte" der Person. Deshalb ziehen die Augen der Mutter es geradezu magisch an, sie werden zum weitaus fesselndsten Gegenstand. Das Thema des Blickkontaktes zwischen Mutter und Baby ist allein dieser Augenblick, der geprägt ist vom Gefühl der Nähe und Verbundenheit mit dem anderen. Das ist das bedeutendste Ereignis dieser vorsprachlichen Welt etwa bis zum sechsten Monat, in der das Baby die fundamentale Fähigkeit der Nähe zu einem anderen Menschen erlernen kann. Erst wenn diese Basis, die Fähigkeit zum „reinen" mitmenschlichen Kontakt, vorhanden ist, können darauf weitere soziale Interaktionen und vor allem der Spracherwerb aufbauen.

Joey nimmt sich hier zum ersten Mal als ein „Handelnder" wahr, der in der Welt etwas bewirken kann. Allein mit einem Drehen seines Kopfes kann er die Szenerie verändern. Ferner bemerkt er nach und nach, dass seine eigene körperliche Existenz von der seiner Mutter getrennt ist, dass sie unterschiedlich handeln und empfinden. Bewegt er den Arm, dann spürt er die Bewegung in seinen Muskeln. Bewegt sich seine Mutter, geben ihm seine Muskeln keine entsprechende Rückmeldung. Spricht sie, hat er darauf keinen Einfluss. Ihre Berührungen nimmt er passiv wahr, während er – wenn er sich selbst berührt – sich zugleich als aktiv und passiv erlebt. Ihm wird auch klar, dass bestimmte Gefühlszustände wie Freude oder Hunger nur seine eigenen sind. Anhand seiner Körperbewegungen, bei denen er den Entschluss, die Ausführung und das sichtbare Ergebnis wahrnimmt, beginnt Joey, Fremdprozesse von Selbstprozessen zu unterscheiden. Er kann auch die vertrauten Menschen in seiner Umgebung unterscheiden. Jede von ihnen sieht anders aus und verhält sich anders, keine gleicht der anderen in Mimik und Gestik. Jede dieser neu erworbenen Fertigkeiten bedeutet einen enormen Entwicklungsschritt. Zwei Fähigkeiten, die für den Identifikationsprozess unerlässlich sind, hat Joey quasi als Grundausstattung mit auf die Welt gebracht: seit seiner Geburt kann er Mimik und Gestik anderer Menschen nachahmen, wenn auch zunächst nur Ausschnitte davon – schon 2 bis 3 Tage nach der Geburt konnte er Lächeln, Stirnrunzeln und Überraschung im Gesichtsausdruck eines lebendigen Gegenübers unterscheiden und imitieren. Außerdem ist er empfänglich für emotionale Ansteckung. Schon Neugeborene auf der Entbindungsstation fangen an zu weinen, wenn ein anderer Säugling im Nachbarbettchen schreit.

Der wechselseitige Blickkontakt lässt in Joey eine Erregung emporsteigen, die in eine zunehmende Handlungsbereitschaft einmündet. Veränderungen der Atmung und der Wachheit des Blickes bei der Mutter, winzige Bewegungen ihrer Augen- oder Mundpartie sind Signale, auf die Säuglinge äußerst sensibel reagieren.

„Ihr Lächeln bewirkt nicht nur, dass er zurücklächelt, sondern haucht ihm neues Leben ein. Nun kann er im von ihr gefühlten und gezeigten Lebensrhythmus mitschwingen – sein Vergnügen, zu dem ihr Lächeln ihn verführt, wächst." (Stern 1993, S. 70)

Nach dem dritten Lebensmonat kommt es häufig zu solchen wechselseitigen – dialogischen – Interaktionen, nicht nur beim Lächeln, sondern auch beim Austausch von Lauten. Letztlich ist dieser einfache, spielerische Austausch zwischen Mutter und Kind ein wesentliches Fundament für alle späteren zwischenmenschlichen Interaktionen. Es ist eine ganz außerordentliche Entwicklungsphase, wenn man die zu diesem Zeitpunkt noch bestehende Unreife der anderen für den Kontakt wichtigen Kommunikationsmöglichkeiten – Sprechen, Gestik, Bewegung und Manipulieren von Objekten – bedenkt.

Ich fasse zusammen: Nach sechs Lebensmonaten verfügt der Säugling über folgende Erfahrungen:

1. das Empfinden, Urheber eigener Handlungen zu sein (mein Arm bewegt sich, wenn ich will, dass er sich bewegt) und die Kenntnis der Konsequenzen eigenen Handelns (wenn ich die Augen schließe, wird es dunkel) – das bedeutet auch die Fähigkeit, Selbstprozesse von Fremdprozessen zu unterscheiden;

2. das Empfinden, ein vollständiges körperliches Ganzes zu sein und sowohl in der Bewegung als auch im Ruhezustand über Grenzen und ein körperliches Handlungszentrum zu verfügen;

3. das Erleben regelmäßiger innerer Gefühlsqualitäten, die Teil aller Selbsterfahrungen sind;

4. das Gefühl der Dauer, der Einbindung in die eigene Vergangenheit, das Gefühl eines „fortwährenden Seins“, dass man sich durchaus verändern kann und doch dieselbe Person bleibt;

Aus der Verbindung dieser vier Arten der Selbsterfahrung geht das Empfinden eines Kern-Selbst hervor. Es ist keine „Kenntnis“, kein „Bewusstsein“, sondern ein erfahrungsgeleitetes Empfinden von Vorgängen, die wir uns normalerweise nicht bewusst machen. Das Selbstempfinden ist also die Integration des Erlebens von Leib, Handlung, Sinneseindruck, Gefühl und Zeit.

Schon die hier aufgezeigte Entwicklung bis zum 6. Lebensmonat spricht sehr für Sterns These, dass sich das Selbst nur in der Bezogenheit konstelliert, d.h. durch die Beziehung zur Mutter oder einer entsprechenden Bezugsperson, und dass es schon vor dem Erwerb von Sprache und Selbstbewusstheit vorhanden ist. Säuglinge suchen nach sensorischer Anregung. Es ist aber nicht so, dass sie hilflos einem Strudel von Eindrücken ausgeliefert wären. Vielmehr haben sie angeborene Vorlieben und Abneigungen für bzw. gegen bestimmte Sinneseindrücke und Wahrnehmungen. Von Geburt an nehmen sie Einschätzungen vor, indem sie sich fragen: ist dies anders als jenes oder ist es dasselbe? d.h. sie zeigen ein zentrales Bestreben zur Bildung und Prüfung von Hypothesen über das, was in ihrer Welt geschieht. Ihre Erfahrungen ordnen sie in zunehmend größere und umfassendere Zusammenhänge ein. Solange die Suche sie nicht überfordert, widmen sie sich mit Eifer und Vergnügen dieser Aufgabe, die Welt der Dinge in ihrem eigenen Geiste neu zu erschaffen. Dabei lassen sich affektive und kognitive Prozesse kaum trennen. Das Wahrnehmen von Lernchancen ist angeboren. Ein Nebenprodukt des Lernens ist das Auftauchen und Sich-entwickeln des Selbstempfindens, das für die frühe soziale Entwicklung die entscheidende Rolle spielt. Jede neue Stufe des Selbsterlebens eröffnet einen neuen Bereich des sozialen Erlebens, der „Bezogenheit“.

Die Entwicklung zur Person in Theorie und Psychotherapie bei Josef Rattner

Ein bedeutender Vertreter der Humanistischen Psychologie und Individualpsychologie ist der in Wien geborene und seit den 1960er Jahren in Berlin wirkende Arzt, Psychotherapeut und Autor Josef Rattner. In vielen seiner Bücher über Tiefenpsychologie, Pädagogik, Psychosomatik, Anthropologie und Kulturanalyse geht es um die Suche nach dem Wesen von Gesundheit als Maßstab und Zielvorstellung in der Psychotherapie. In der Tradition von William Stern, Max Scheler und Nicolai Hartmann hat er ein Konzept der Personalität entwickelt, wonach Menschen am gesündesten leben, wenn sie sich bemühen, Person zu werden. Person oder die Persönlichkeit bezeichnet den Menschen als Mitmenschen und als sittlich handelndes Wesen. Sie ist nicht mit dem Ich identisch, eher eine Synthese von Leib, Geist und Seele. Nun entwickelt sich der Mensch nicht ohne eigenes Zutun zur Person. Er hat lediglich die Disposition, Personalität zu entwickeln. Als erster Freigelassener der Natur (Herder) bringt die Instinktentbundenheit des Menschen es mit sich, dass er sich seinen Weg selbst suchen muss. Er ist nicht nur Geschöpf, sondern auch Schöpfer seiner selbst.

„Der psychophysische Organismus wird dem Menschen von der Natur sozusagen geschenkt; die Person muss durch Umwelt und Kultur stimuliert und durch Eigentätigkeit aktiviert werden. Sie baut sich auf im Laufe des Lebens durch wertorientierte Handlungen und produktive menschliche Beziehungen. Phänomenologen wie Alexander Pfänder sprechen von einer Selbstauszeugung der Person" (Rattner in mll 6/1999, S.23)

Damit sich beim Einzelnen die Persönlichkeit entfalten kann, müssen günstige Bedingungen des Daseins gegeben sein. Als bloß vorhandene Disposition ist die Entwicklung zur Person nicht geradlinig. Schwierige Lebensumstände wie Krankheit oder Not können das Persönlichkeitsniveau herabmindern. Es muss immer wieder neu erobert und bekräftigt werden.

Dieser Aufgabe kommt das von Adler festgestellte Streben des Menschen entgegen, unter allen Bedingungen seinen Selbstwert zu erhöhen. Das kann der Einzelne durch die Bewältigung der Lebensaufgaben Arbeit, Liebe und Gemeinschaft erreichen. Um Person zu werden, gilt es nach Rattner, darüber hinaus vier weitere Lebensaufgaben zu erfüllen: 1. den Leib beseelen, 2. das Ich zum Wir erweitern und 3. die Seele „begeisten". Parallel oder quer zu den genannten Lebensaufgaben verläuft das Selbstwertstreben, das Rattner als 4. Lebensaufgabe bezeichnet.

1. In der ersten subjektiven Lebensaufgabe geht es um die meist durch Erziehung und Kultur hervorgerufene Aufspaltung zwischen dem Leib und der nicht mit ihm identischen seelischen Instanz, dem Ich, und die Überwindung dieser Dichotomie. Das „Ich hat eine gewisse Eigenwüchsigkeit" und kann daher „den Leib manipulieren, bewerten, kritisieren und - verneinen" (Rattner mll 1/1997, S. 40). Letztere Haltung kann in der Kindheit bei autoritärer, liebloser und vor allem leibfeindlicher Erziehung entstehen. Ein vom Leib getrenntes Ich entbehrt vieler Glücks- und Lustmöglichkeiten. An ihre Stelle treten Angst und Einsamkeit, da zur Trennung vom Leib die Trennung von den Mitmenschen und der Welt hinzutritt.

„Das Ich sitzt sozusagen verkrampft oberhalb des Leibes und sehnt sich danach, in ihn einzutauchen ... Davor aber steht die Barriere einer gewaltigen Untergangs- und Hingabeangst. Das stört im Dasein sowohl die Sexualität, das Walten der Gefühle, die Hingabe an Arbeit und Geselligkeit, an das Leibsein überhaupt und an die menschliche Kreatürlichkeit." (Rattner a.a.O. S.41)

Im weiteren Verlauf der Entwicklung baut sich darauf eine reaktive Charakterstruktur auf, mit der die Spaltung von Leib und Ich zementiert wird. Es fehlen Eros und Gefühle, die Leib und Seele einigen können.

„Mit demselben unbegründeten Stolz, mit dem das kranke Ich auf den Leib und alles Sinnliche herabblickt, wendet es sich gegen seine Mitmenschen. Es kann und will ihnen nicht nahekommen, weil es sich vor ihnen ängstigt und sie auch abwertet. Aber nur in der Nähe zum Du und Wir kann das Ich von seinem Leib Besitz ergreifen." (Rattner a.a.O., S. 42)

Gelingt es nicht in Psychotherapie und Selbsterziehung, den Riss zwischen Leib und Seele zu schließen, so kann die innere Zerrissenheit bis ans Lebensende andauern. Wenn dagegen Leib und Seele annähernd harmonieren, entsteht ein mit sich selbst identischer Mensch, dem eine gewisse Anmut eigen ist. Ein wichtiger Schritt zur Ganzheit der Person, in der Leib, Seele und Geist wechselseitig aufeinander abgestimmt und gewissermaßen von einer Melodie durchflossen sind, ist dann getan.

2. Die Person kann nur in der Ich-Du-Beziehung leben. Sie ist der tragende Boden für das Sein und Wirken des Ichs. Die zweite subjektive Lebensaufgabe besteht daher nach Rattner darin, das Ich zum größtmöglichen Wir zu erweitern. Die Entfaltung des menschlichen Wesens beginnt mit der Mutter-Kind-Dyade,

dem Ur-Wir. Qualität und Fortdauer dieser Dyade entscheiden über die Entwicklung des Kindes. Irgendwann kommt es notwendigerweise zu einem „Wir-Bruch“, das Kind sieht sich auf sich selbst zurückgeworfen und entdeckt seine Individualität. Fortan hängt sein weiteres Gedeihen davon ab, ob es einen Ausgleich zwischen Formen der Wir-Bildung und der Selbstbehauptung herstellen kann. Bei zu wenig Selbstbewahrung geht der Mensch im Konformismus auf, bei zu starker Selbstdurchsetzung kommen andere zu Schaden. Eine Synthese gelingt nicht leicht; denn: „Wir-Bildung als eine Vereinigung von Menschen unter dem Aspekt der Freiheit, Gleichwertigkeit und Gleichberechtigung ist hochkompliziert.“ (Rattner a.a.O., S. 45)

Schon die Beziehung der Eltern zum Kind kann dessen Selbstwerdung behindern, wenn die Eltern die Familie nach außen hin abschotten. Ähnlich ungünstig können sich Angst, Kontaktscheu oder Machtgier in anderen menschlichen Gruppierungen auswirken. Für die Personwerdung ist es aber wesentlich, „sich in wachsendem Maße für die Welt zu öffnen und mit ihr zu verschmelzen“ (Rattner a.a.O., S. 46)

Die Psychotherapie hat hier eine gute Chance: Der Therapeut und die therapeutische Gruppe können durch Beziehungsaufnahme zum Analysanden nachholen und ergänzen, was die Eltern versäumt haben, vorausgesetzt dass der Patient sich dem therapeutischen Einfluss öffnet. Durch Verständnis, Liebe und soziale Geschicklichkeit kann man sehr gute Bedingungen für die Ich-Entfaltung schaffen. Für Rattner ist die Gruppentherapie der Einzel-Psychotherapie weit überlegen. Da die Teilnehmer der Gruppentherapie mit der Zeit zu Co-Therapeuten werden, ergeben sich vielfältige Beziehungsmöglichkeiten ohne das Autoritätsgefälle, das mit der traditionellen Therapeut-Analysanden-Beziehung verbunden ist und sich oft als Lernhindernis erweist.

„Je mehr Menschen der Analysand mit Sympathie in sein Gefühl aufnimmt – und das soll er in der Gruppe dauernd üben – umso eher kann er reifen und an innerem Gewicht zunehmen. Die Persönlichkeit ist immer nur so groß wie ihr zwischenmenschliches Beziehungsfeld.“ (Rattner/Danzer 2000, S. 211)

Über konkrete Gemeinschaftsbildungen hinaus kann es weiterführen, auf ein ideales „Wir“ hinzustreben, das in Kunst, Wissenschaft und Philosophie gegeben ist. Das ideale Wir-Gefühl umgreift auch die „außermenschliche Lebenswelt und sogar den Kosmos“. Mit einem solchen Gemeinschaftsgedanken sind Massenbildungen aber nicht vereinbar. Lebensspendend ist das Wir nur dann, wenn sich die damit verbundenen Individuen frei entwickeln können.

„Das Hineinwachsen in größere Gemeinschaften ist also durchaus mit einem vernünftigen und maßvollen Individualismus verträglich." (Rattner a.a.O., S. 47)

3. Die Frage ist nun, ob eine Verbesserung der Beziehungsfähigkeit für die Entwicklung zur Person ausreicht oder ob diese nicht auch „vom Geiste her" neue Impulse und Anstöße erfahren muss. Denn „ohne Verstärkung der geistigen Funktion ist und bleibt der Mensch ein Opfer seiner Gewöhnungen. Nur wenn diese innere Führungsfunktion in Kraft tritt, entstehen Freiheitsgrade, die einer Umgewöhnung zugute kommen" (Rattner mll 3/2006 S.17)

Rattner sieht demzufolge eine weitere subjektive Lebensaufgabe für den Menschen, der Person werden will, in der Entfaltung von Geist. Damit meint er nichts Überirdisch-Religiöses, sondern eine menschliche Lebensfunktion, die zu ihrem Recht kommen muss.

Im Unterschied zur Seele, die jedermann für sich allein besitzt, ist der Geist intersubjektiv, er gehört der ganzen Menschheit. (N. Hartmann 1933, S. 71) „Leib und Seele bekommt der Mensch von der Natur; den Geist muss er sich selbst erobern." (Rattner a.a.O., S. 43)

Der Ursprung der geistigen Entwicklung liegt in der frühen Mutter-Kind-Beziehung. In dem Bemühen um Verständigung mit ihrem Kind legt die Mutter als jemand, der Geist hat, zunächst nonverbal durch Gefühle und dann durch Worte das Fundament für seine geistige Entfaltung. Darauf bauen Gesellschaft und Kultur mit ihrem Erziehungswerk auf. Sie bieten dem heranwachsenden Geist die Möglichkeit, sich durch Lernen in Schulen und Universitäten am objektiven Geist emporzuranken. (N. Hartmann a.a.O.) Dabei sind Sprache und Schrift von grundlegender Bedeutung. Die Sprache ist nach Adler eine Brücke, die die Menschen miteinander verbindet. Nach Rattner ist die Sprache das Lebenselement des Geistes und damit die Basis aller Kulturleistungen. „Sprechend und sprachverstehend wächst das Kind in die allgemeine Kultur hinein und wird so zum ‚Geistwesen'." (Rattner a.a.O., S.43)

Dafür muss der Einzelne unendlich viele Lernprozesse absolvieren. Das ist mühsam und deshalb selten. Die Eroberung des Geistes erfordert eine Mischung von Aktivität und Passivität, von Mut und Demut, von Expansion und Sich-führen-Lassen, von Geduld und Ausdauer. Menschen mit zu viel Eitelkeit, Trotz, Hingabeschwäche oder Sturheit werden wegen der dann zum Ausdruck kommenden Verschlossenheit kaum einen Weg in die geistige Welt finden. Prädestiniert sind dafür vielmehr Menschen mit verbindenden Gefühlen wie Liebe, Freude, Mitleid, Wohlwollen, Solidarität usw.; denn diese Gefühle sind Abwandlungen des Eros und Eros und Geist hängen zusammen. Ein liebloser Mensch kann zwar Intellekt entwickeln, aber nicht geistig werden. Ihm fehlt die Öffnung für die Welt der Werte und der Ideen.

Das bedeutet für die Psychotherapie: wenn der Patient ein Stück weit aus seinen Hemmungen und Ängste herausgewachsen und aus seiner zurückgezogenen privatistischen Existenz befreit ist, soll er anfangen, sein Bildungsmanko auszugleichen und sich mit der geistigen Überlieferung und dem Zeitgeist auseinanderzusetzen, damit er „einen Standort in der schaffenden und strebenden Menschheit einnehmen kann". (Rattner/Danzer 2000, S. 214)

Es ist ein Kennzeichen von Rattners Auffassung von Psychotherapie, dass die Behandlung von weltanschaulichen Themen in die seelenärztliche Behandlung hineingehört. Die Weltanschauung drückt deutlich die Gesinnung und Haltung des Patienten im Leben und in der Kultur aus. Nur wenn in diesem Bereich Wandlungen zustande kommen, können Charakteranomalien bzw. Neurosen überwunden werden. „Man muss die Vernunft heilen, wenn man das Seelische in Ordnung bringen will" (Rattner/Mackenthun 2015, S. 87)

Deshalb sieht Rattner es als Aufgabe nicht nur der Psychologie, sondern auch einer integralen Medizin an, den Menschen physisch, psychisch und geistig zu behandeln.

„Der Körper mag für sich als gesund imponieren; aber die unvernünftige Seele ist nie integer. Sieht man näher zu, kommt der Leib zu Schaden, wenn Seele und Geist kränkeln." (Rattner a.a.O. S. 87)

4. Um die beschriebenen subjektiven Lebensaufgaben sowie diejenigen, die Adler benannt hat, zu realisieren, bedarf der Einzelne einer Haltung, die Rattner als Achse und Rückgrat der Psyche beschreibt; er bedarf des Selbstwertstrebens. Schon Wilhelm Dilthey sah im Seelenleben „eine Tendenz zur Steigerung des Selbst, ein Streben nach Erfüllung mit Gefühls- und Gedankeninhalten, nach Entfaltung der Kräfte, Fähigkeiten und Triebe" (Dilthey 1990 [1894], zitiert nach K. Kaminski-Knorr 2014, S. 315, Fußn. 267). Auch Friedrich Nietzsche und Alfred Adler stellten fest: Jeder Mensch, wer immer er sei, ist darum bemüht, seinen Selbstwert möglichst hoch anzusetzen. Adler hat dieses Streben zurückgeführt auf das Minderwertigkeitsgefühl, das der Mensch mit aller Macht zu kompensieren versucht. Im Anschluss an Adler unterstützt Rattner „die Idee einer natürlichen Perfektionsneigung im Menschen". (Rattner mll 3/2006, S. 12) In den Partialtrieben von Freuds Psychoanalyse und den Antrieben, die nach Schultz-Hencke im Menschen wirksam sind, steckt immer schon der Gedanke der Wert-Realisation. Entfaltete Triebe und Antriebe sind Werttendenzen, die auf Selbstwert und Wertverwirklichung gerichtet

sind. Es ist die Lernfähigkeit, die dem Menschen die Möglichkeit gibt, seinen Selbstwert zu erhöhen bzw. sich selbst zu vervollkommnen.

Erziehung und Umwelt können dieses Bemühen in sozial und kulturell wertvolle Bahnen lenken. Wer eine fördernde Pädagogik erfahren hat, die eine emotionale Bildung und die Formung eines humanen Gewissens beinhaltet, wird eher einen konstruktiven Weg zur Selbststeigerung finden, als solche, die sich aufgrund einer misslungenen Sozialisierung unvorbereitet auf das Leben und klein fühlen. Letztere sehen oft keine andere Lösung, um ihr Selbstgefühl zu erhöhen, als die Lebensaufgaben als zu schwierig hinzustellen, andere zu entwerten oder für eigene Fehlschläge verantwortlich zu machen. Auf dem Boden solcher Selbsttäuschungen bzw. Lebenslügen kann aber kein tragfähiges Selbstwertgefühl entstehen.

Das Selbstwertgefühl kann auch nicht direkt angestrebt werden. Es entsteht immer nur indirekt, wenn man sich mit aller Kraft für eine wertvolle Aufgabe einsetzt. Um erstrebenswerte Ziele zu erkennen, ist es daher notwendig, „sein Sensorium für Kultur- und Daseinswerte zu schulen."

„Der erkannte Wert mobilisiert Kraft und Bereitschaft, ihn zu verwirklichen. Und erst im Lichte der Wertvermehrung der Welt empfinden wir uns selbst als ‚Wertträger'" (Rattner a.a.O., S. 49)

Das ist eine für die Psychotherapie bedeutende Erkenntnis. Die hauptsächlichen Bewegungskräfte im Seelenleben sind nach M. Scheler und N. Hartmann Ideen, Ideale und Werte. Sie sind die Motoren der Psyche, während biologische bzw. biologisch-psychologische Triebe und Antriebe eher sekundär dafür in Betracht kommen. (vgl. Rattner, mll 6/2005 S. 13) Nur dem Menschen ist dieser Blick für ideale Werte eigen. Nun setzt Werterkenntnis Kenntnis, Wissen und Verstand voraus, Gemeint ist nicht ein beliebiges Wissen, sondern „Bildungswissen", das unter günstigen Bedingungen den Aufbau geistig-personaler Strukturen fördert und die Wertsicht vergrößert. Die Entwicklung von Lebenswissen und Personalität ist demnach auf einen intensiven Kontakt mit dem übergeordneten Geistesleben, d.h. mit Kunst, Wissenschaft und Philosophie, angewiesen.

Zwischen den Werten besteht eine Rangordnung: es gibt niedere, höhere und höchste Werte. Niedere Werte sind Selbsterhaltung und Selbstdurchsetzung, Macht, Reichtum und Verfügungsgewalt über Menschen und Dinge. Höhere Werte sind Gesundheit, Heiterkeit und Kommunikationsfähigkeit. Darüber steht als höchster Wert die Person in ihrer Authentizität, Souveränität und Eigenmacht. Anders als in der Neurose und Psychose sind nur bei ihr Fühlen, Denken und Wollen zu einem Ganzen geworden. Ein ins Gewicht fallendes Können ermöglicht ihr ein souveränes Handeln. Sie ist ihrer selbst mächtig im Sinne von Affektfreiheit und Selbstbeherrschung. Schließlich lebt sie in einer heiter gelassenen Stimmung.

Legt man diese Wertehierarchie der Psychotherapie zugrunde, so bedeutet das, dass sie sich nicht mit einer Fokussierung auf die niederen Werte der Sicherheit, Angstvermeidung und Selbsterhaltung begnügen kann, sondern eine Erweiterung des Wertehorizonts im Sinne einer Befreiung von personalen Engen und Einseitigkeiten und Ausrichtung auf die Person als höchsten Wert anstreben muss. Ferner muss sie eine Weiterverfolgung dieses Zieles in der fortgesetzten Selbstanalyse des Patienten anbahnen. Dann erst entspricht sie einem Gesundheitsbegriff, der die höchsten Motivationen im Menschen einbezieht.

„Wir wollen aus einem Patienten einen Mitmenschen, aus einem Objekt und Empfänger des Kulturprozesses ein Subjekt der Kultur und einen Kulturproduzenten machen. Persönlichkeitsbildung und Kultur-Schöpfertum ist das erste und letzte Wort unserer therapeutischen Weltanschauung“ (Rattner/Danzer 2000, S. 216).

Vom Mythus des Staates von Ernst Cassirer

Trotz der schlimmen Erfahrungen mit dem Nationalsozialismus im 20. Jahrhundert erleben wir heute ein Wiederaufleben von Populismus und Nationalismus. Auf der Suche nach einem Verständnis dieses Phänomens bin ich auf das Buch von Ernst Cassirer „Vom Mythus des Staates“ aufmerksam geworden. Ernst Cassirer ist ein deutscher Philosoph, der von 1874 bis 1945 lebte. Nach dem Studium der Philosophie forschte und lehrte er zunächst als Privatdozent in Berlin, ab 1919 als Professor für Philosophie an der Universität in Hamburg und 1929/1930 dort als Rektor. Nach der Machtübernahme durch die Nationalsozialisten wurde ihm als Juden 1933 der Lehrstuhl entzogen. Noch im selben Jahr emigrierte er zunächst nach England und 2 Jahre später nach Schweden, wo er an der Universität Göteborg lehrte. 1941 übersiedelte er in die USA und lehrte dort an der Yale University und an der Columbia University. In seinem Hauptwerk *Philosophie der symbolischen Formen,* erschienen in den Jahren 1923 bis 1929, zeigt er verschiedene Wege des menschlichen Zugangs zur Welt durch Symbole wie Sprache, Mythos, Religion und Wissenschaft. In *Versuch über den Menschen* (1944) baute er seine kulturphilosophische Theorie zu einer philosophischen Anthropologie aus. Sein eigenes Lebensschicksal veranlasste ihn schließlich, sich in *Vom Mythus des Staates* (1945) mit der Entwicklung der politischen Theorie des Staates und ihrem Versagen im Nationalsozialismus auseinanderzusetzen.

Cassirer sucht nach einer wissenschaftlichen Erklärung für das Aufkommen politischer Mythen nach dem ersten Weltkrieg, die im Nationalsozialismus gipfelten. Wie konnte es ihnen gelingen, einen Sieg über das rationale Denken und das bis dahin erreichte kulturelle Niveau unseres geistigen und sozialen Lebens davonzutragen? In Cassirers eigenem Emigranten-Schicksal spiegelt sich der Triumph der Mythen über Geist und Kultur. Das Buch kann als sein philosophisches Testament bezeichnet werden; denn es ist das letzte Werk, das er vor seinem Tod im April 1945 abschloss.

Um den Einfluss der modernen politischen Mythen zu verstehen, untersucht Cassirer zunächst, was ein Mythus ist und wie er wirkt. Im primitiven Denken findet er eine tiefe Sehnsucht der Individuen, sich mit dem Leben der Gemeinschaft und dem Leben der Natur zu identifizieren. Diese Sehnsucht wird in den religiösen

Riten befriedigt. Auf einer höheren Stufe entstehen auf dieser Basis die Mythen, in denen menschliche Gefühle in Bilder verwandelt werden. Diese Bilder sind roh, grotesk, phantastisch, aber gerade deswegen können sie dem unzivilisierten Menschen eine Interpretation des Lebens der Natur und seines eigenen inneren Lebens geben.

Cassirer zeigt, wie sich mit der griechischen Philosophie nach und nach rationales gegenüber mythischem Denken durchsetzt. Die menschliche Natur wurde nicht mehr im mythischen, sondern im ethischen Licht gesehen. Nach Platon kam es darauf an, die mythischen Götter durch die höchste Erkenntnis: „die Idee des Guten", zu ersetzen. Der Einzelne kann das ethische Ziel des Guten nur erreichen, wenn auch Politik und Staat in diese Richtung streben, also frei sind von Korruption, Unterdrückung und Gewalt. Das Zusammenwirken von Vernunft, Gesetz und Ordnung als Grundprinzip schafft das Gute, Wahre und Schöne nicht nur in Kunst und Wissenschaft, sondern auch in der Politik. Aufgabe des Staates ist es, Vollstrecker der Gerechtigkeit zu sein. Was beim Einzelnen zur Harmonie der verschiedenen Seelenkräfte führt, manifestiert sich beim Staat in einem ausgeglichenen Verhältnis zwischen den verschiedenen Klassen, nach der jede das ihr Zukommende erhält und an der Aufrechterhaltung der allgemeinen Ordnung mitwirkt. Mit dieser Konzeption wurde Platon der Begründer und erste Verteidiger des Rechtsstaats.

Platons Theorie des Gerechtigkeitsstaates war für die weitere Entwicklung der politischen Theorie von großer Bedeutung. Sie überlebte den Zusammenbruch des griechischen Lebens und der griechischen Politik und wurde bleibendes Besitztum der menschlichen Kultur. Seine These, die erste und wichtigste Aufgabe des Staates sei die Aufrechterhaltung der Gerechtigkeit, wurde von allen mittelalterlichen Denkern angenommen und fand ihren Weg in alle Formen mittelalterlicher Kultur. Die ersten Kirchenväter, Theologen und Philosophen, die römischen Juristen und die politischen Schriftsteller, die Gelehrten des bürgerlichen und kanonischen Rechts waren in dieser Hinsicht eines Sinnes.

Nach Cassirer war im mittelalterlichen System jedoch kein Platz für Rationalismus, die Tendenz des Denkens, die wir bei den Griechen und später bei Descartes, Spinoza, Leibniz usw. finden. Für die scholastischen Denker galt nur die offenbarte Wahrheit. Davon unabhängig durfte die Vernunft nicht gebraucht werden, sondern nur zum Verständnis dessen, was durch den Glauben gelehrt wird. Diese Erleuchtungstheorie des Augustinus wurde erst überwunden durch Thomas von Aquin. Seine Devise: „Die durch den Glauben bestärkte Vernunft" rehabilitierte die Vernunft wieder und befreite die Philosophie von einem fundamentalen Hemmnis.

Weniger Mühe hatte die christliche Religion mit dem stoizistischen Denken. In ihrer Auffassung vom Menschen erschlossen die Stoiker einen neuen Weg, nämlich ein Prinzip, das sich als Wendepunkt in der Geschichte des ethischen, politischen und religiösen Denkens erwies: die Konzeption von der fundamentalen Gleichheit der Menschen. Was allein zählt, was die Persönlichkeit des Menschen bestimmt, sind nicht Geburt, Stand, Temperament oder geistige Anlagen, also nicht die Dinge selbst, sondern sein Urteil über die Dinge. Was immer von äußeren Umständen abhängt, von Bedingungen, die nicht in unserer eigenen Macht liegen, muss außer Betracht bleiben; es zählt nicht. Der Stoizismus wurde zu einer neuen geistigen und moralischen Macht.

Für die nachfolgenden Veränderungen in der politischen Sphäre war das astronomische System des Kopernikus verantwortlich. Die jahrhundertealten hierarchischen Strukturen verloren dadurch ihr Fundament. Eine Unterscheidung zwischen einer „höheren" und einer „niedrigeren" Welt gab es nicht mehr. Alle Bewegungen der Himmelskörper und der Erde gehorchten denselben allgemeinen Regeln. Es gab kein „Oben" oder „Unten" mehr. Das ist nach Cassirer auch die Erklärung für Machiavellis Geringschätzung der herkömmlichen Regierungsformen und für seine Bewunderung der Struktur eines Staates wie den, den Cesare Borgia mit Gewalt geschaffen und aufrechterhalten hatte.

Das heliozentrische System nahm dem Menschen seine privilegierte Stellung. Weder die religiöse noch die ethische Welt schien einen festen Mittelpunkt zu haben. Als alternatives universales System der Ethik und Religion, das von jeder Nation, jedem Glauben, jeder Sekte angenommen werden konnte, kam allein der Stoizismus infrage. Er enthielt das wichtige Versprechen, den Menschen in seine ethische Würde wiedereinzusetzen, eine unverlierbare Würde, die nicht von einem dogmatischen Glaubensbekenntnis oder irgendeiner Offenbarung abhing, sondern ausschließlich von dem Wert, den der Mensch sich selbst beilegte. Das Wiederaufleben von stoischen Ideen verbreitete sich im siebzehnten Jahrhundert über die ganze europäische Kultur: von Italien über Frankreich, die Niederlande und England bis zu den amerikanischen Kolonien. Es gipfelte in der französischen Erklärung der Menschen- und Bürgerrechte und in der amerikanischen Unabhängigkeitserklärung: „alle Menschen sind von der Schöpfung her gleich, sie sind mit unveräußerlichen Rechten wie Leben, Freiheit und dem Streben nach Glück begabt; zur Sicherung dieser Rechte sind unter den Menschen Regierungen eingesetzt, die ihre gerechte Macht aus der Zustimmung der Regierten herleiten ..." Thomas Jefferson war sich kaum bewusst, dass er hier die Sprache der stoischen Philosophie sprach. Ihr Inhalt war allgemein anerkannt und bedurfte keines weiteren Beweises. Was bis zum 17. Und 18. Jahrhundert allein theoretisches Interesse hervorrief, entfaltete nun kolossale praktische Bedeutung und wurde zum Ausgangspunkt politischer Aktion.

Nach Cassirer gibt es zweierlei Gründe, weshalb diese großen Errungenschaften westlicher Kultur in politischer Theorie und Praxis plötzlich im 19. Jahrhundert in Frage gestellt wurden. Zum einen blieben die damit verbundenen optimistischen Hoffnungen unerfüllt. Dem Enthusiasmus der Französischen Revolution folgte nach dem Ende der Napoleonischen Kriege tiefe Enttäuschung und Misstrauen. Die politische und soziale Ordnung Europas schien vom vollständigen Zusammenbruch bedroht.

Zum anderen begannen die deutschen Romantiker einen Kampf gegen die Philosophie der Aufklärung. Zwei Punkte waren dabei von wesentlicher Bedeutung: die unterschiedliche Auffassung von Geschichte und die neue Auffassung und Wertung des Mythus. Die Romantiker idealisierten die Vergangenheit, denn in ihrer Sicht wurde alles verständlich und legitimiert, wenn es auf seine Ursprünge zurückgeführt werden konnte.

Diese Sicht war den Aufklärern völlig fremd. Wenn sie auf die Vergangenheit zurückblickten, taten sie es, um eine bessere Zukunft vorzubereiten. Ihr eigentliches Anliegen war ja der Beginn einer neuen politischen und sozialen Ordnung, also die Zukunft der Menschheit. In ihren Augen konnte Geschichte nur lehren, was gewesen ist, nicht, was sein sollte - sie hatte keinen ethischen Wert. Sie ließen sich in ihrem Denken von der Vernunft leiten, von der Moral, was die Gefühle anging, und vom natürlichen Recht.

Für die Romantiker dagegen gab es keine höhere Autorität als die Geschichte. Wie überhaupt die menschliche Kultur konnten auch Gesetz und Staat nach ihrer Auffassung nicht vom Menschen gemacht sein. Vielmehr verdankten sie ihren Ursprung einer höheren metaphysischen Notwendigkeit, nämlich dem natürlichen Geist, der unbewusst arbeitet und erschafft.

Der Wert des Mythus hat sich demnach vollständig gewandelt. War er für die Denker der Aufklärung etwas Barbarisches, eine Ansammlung verworrener Ideen und dummem Aberglauben, so wurde der Mythus nun zum Gegenstand höchsten geistigen Interesses und einer mit Ehrfurcht und Verehrung angesehenen Haupttriebfeder menschlicher Kultur. Kunst, Geschichte und Poesie hatten dort ihren Ursprung. Damit war der Weg gebahnt, der später zur Rehabilitation und Glorifikation des Mythus in der modernen Politik führen konnte.

Cassirer wendet sich nun dem Mythus des zwanzigsten Jahrhunderts zu. Er führt ihn zum einen zurück auf Thomas Carlyles Darstellung des Helden und der Heldenverehrung in der Geschichte. Die Geschichte bestand nach Carlyle aus den

Taten großer Männer, denen man Unterwerfung und grenzenlose Bewunderung schuldete. Dieser Historiker der viktorianischen Zeit kann aber dennoch nicht als Exponent nationalsozialistischer Ideen und Ideale betrachtet werden, denn zum Begriff des Helden gehörte für ihn auch moralische Größe bzw. seine Fähigkeit, „sich niemals ganz tierischer Gewalt, sondern immer nur moralischer Größe zu ergeben“ (Cassirer 2002, S. 289).

Der zweite Autor, dessen Ideen in die nationalsozialistische Ideologie Eingang fanden, war der französische Adlige Arthur de Gobineau. Sein Essay über die Verschiedenheit der menschlichen Rassen räumte der weißen, „arischen“ Rasse eine führende Rolle ein. Er postulierte ein „unerbittliches Naturgesetz, nach dem die niedrigeren Rassen für immer dazu verurteilt waren, ‚vor den Füßen ihrer Herren zu kriechen‘“ (Cassirer 2002, S. 315). Gobineau verfügte über ein Selbstbewusstsein, das im umgekehrten Verhältnis zur Wissenschaftlichkeit seiner von Lücken und offenkundigen Trugschlüssen strotzenden Schriften stand. Mit seinem Totalitarismus der Rasse bereitete er den Weg für den totalitären Staat.

Schließlich ist es das philosophische System Hegels, dem Cassirer einen verhängnisvollen Einfluss auf das politische Leben zuspricht. Kein anderes philosophisches System habe so viel zur Vorbereitung des Faschismus und Imperialismus getan wie Hegels Lehre vom Staat als einer göttlichen Idee auf Erden. Es ist Hegels Idee,

> „dass es in jeder Epoche der Geschichte eine und nur eine Nation gibt, die die wirkliche Repräsentantin des Weltgeistes ist, und dass diese Nation das Recht hat, über alle anderen zu herrschen“... Gegen dieses „absolute Recht, Träger der gegenwärtigen Entwicklungsstufe des Weltgeistes zu sein, sind die Geister der anderen Völker rechtlos, und sie ... zählen nicht mehr in der Weltgeschichte.“ (Cassirer 2002, S. 356, 357)

Nach Cassirer ist es in der Geschichte des politischen Denkens ein neues Ereignis mit weitreichenden und furchtbaren Konsequenzen, dass ein System der Ethik und Rechtsphilosophie einen solch unbarmherzigen Nationalismus und Imperialismus vertritt. Allerdings hätte Hegel ein totalitäres Prinzip wie das der „Gleichschaltung“, also der Eliminierung aller anderen Formen des sozialen und kulturellen Lebens, niemals befürwortet.

Wie konnte es geschehen, dass Carlyles Theorie der Heldenverehrung und Gobineaus These von der Verschiedenheit der Rassen, die im 19. Jahrhundert lediglich Gegenstand akademischer Diskussionen gewesen waren, sich im 20. Jahrhundert in mächtige politische Waffen verwandelten?

Ein wesentlicher Faktor waren die politischen, sozialen und menschlichen Konflikte nach dem ersten Weltkrieg für alle daran beteiligten Nationen. Während für England, Nordamerika und Frankreich immerhin die Aussicht bestand, diese Konflikte mit normalen Mitteln zu lösen, waren in Deutschland alle derartigen Anstrengungen vergeblich. Dem wirtschaftlichen und sozialen System drohte durch Inflation und Arbeitslosigkeit der vollständige Zusammenbruch. Dies war der Boden, auf dem politische Mythen wachsen konnten und reiche Nahrung fanden. In verzweifelten Lagen nimmt der Mensch Zuflucht zu verzweifelten Mitteln – und die politischen Mythen des 20. Jahrhunderts waren solche Mittel. Wen die Vernunft im Stich lässt, der greift als *ultima ratio* zu den Mächten des Wunderbaren und Mysteriösen. Eine vernünftige Ordnung in Staat und Gesellschaft lässt sich in Perioden relativer Stabilität und Sicherheit leicht aufrechterhalten. Aber es ist ein labiles Gleichgewicht, das in kritischen Augenblicken nicht standhält. Die rationalen Kräfte, die dem Widererwachen mythischer Vorstellungen unter normalen Umständen Widerstand leisten, werden dann unsicher. Der Mythus kann also nie wirklich besiegt werden, er wartet im Dunkel auf seine Stunde. Sie kommt, wenn die bindenden Kräfte im sozialen Leben des Menschen ihre Kraft verlieren und nicht mehr in der Lage sind, die dämonischen mythischen Kräfte zu bekämpfen.

Sind alle Hoffnungen auf Herstellung besserer Verhältnisse durch die erprobten Mittel fehlgeschlagen, kommt der Ruf nach dem starken Führer. Gesetz, Gerechtigkeit, Verfassungen sind plötzlich wertlos und werden völlig missachtet. Was zählt, ist nur noch die Macht und der Wille des Führers, sein Wille wird zum obersten Gesetz. Der zivilisierte Mensch gibt jedoch nicht leicht seinen irrationalsten Impulsen nach. Ihm müssen „Gründe“, am besten eine “Theorie“, geboten werden, damit er den Schwenk vor sich selbst rechtfertigen kann. Der moderne Politiker und erst recht der „Führer“ muss daher nicht nur als *homo magus* Priester einer irrationalen Religion sein, sondern auch als *homo faber* sie auch mit Geschick, ja Raffinesse verteidigen und propagieren. Die modernen Mythen sind nicht mehr wilde Früchte einer üppigen Einbildungskraft, sondern sie werden planmäßig erzeugt.

Der erste Schritt zur Begründung des neuzeitlichen Mythus ist ein Wechsel in der Funktion der Sprache. Neue Worte werden geprägt und selbst die alten machen einen tiefen Bedeutungswandel durch, denn sie werden mit neuen Bedeutungen aufgeladen. Sie sollen Gefühle und heftige Leidenschaften wie Hass, Angst, Wut, Verachtung oder Anmaßung erzeugen.

Zum geschickten Gebrauch des magischen Wortes kommt die Einführung neuer Riten. Jede politische Aktion hat ihr spezielles Ritual. Da es im totalitären

Staat keine Privatsphäre gibt, wird das ganze Leben der Menschen plötzlich von einer Unmenge von Riten überschwemmt. Ihre Vernachlässigung wird als Verbrechen gegen die Majestät des Führers betrachtet und sanktioniert. So kommt es, dass

> „Menschen von Erziehung und Intelligenz, ehrenhafte und aufrechte Menschen, das höchste menschliche Privileg aufgeben. Sie haben aufgehört, freie und persönlich handelnde Menschen zu sein. Indem sie dieselben vorgeschriebenen Riten vollziehen, beginnen sie, auf die gleiche Weise zu fühlen, zu denken und zu sprechen. ... Sie handeln wie Marionetten in einem Puppenspiel - und sie wissen nicht einmal, dass die Fäden dieses Spiels ... von den politischen Führern gezogen werden." (Cassirer 2002, S.373)

Von allen traurigen Erfahrungen der NS-Zeit bezeichnet Cassirer diese als die furchtbarste.

Abschließend kommt Cassirer zu einer ernüchternden Erkenntnis. Die großen Denker, Dichter und Künstler, die unsere westliche Kultur vermeintlich für die Ewigkeit aufbauten, sind einem Irrtum erlegen. Unsere Wissenschaft, Dichtung und Kunst sind „nur die obere Decke einer viel älteren Schicht, die in große Tiefe hinabreicht". Die mythischen Kräfte leben fort, sie sind unverwundbar, nämlich für rationale Argumente nicht erreichbar. Die Mächte des Mythus wurden durch höhere intellektuelle und moralische, ethische und künstlerische Kräfte unterworfen. Solange diese in voller Stärke bestehen, bleibt der Mythus gezähmt und unschädlich. Verlieren sie aber einmal an Stärke, so „beginnt mythisches Denken sich von neuem zu erheben und das ganze kulturelle und soziale Leben des Menschen zu durchdringen." (Cassirer 2002, S. 390) Daher müssen wir „immer auf heftige Erschütterungen vorbereitet sein, die unsere kulturelle Welt und unsere soziale Ordnung bis in ihre Grundfesten erschüttern können". (Cassirer 2002, S. 389)

Auch die Philosophie ist nicht in der Lage, die politischen Mythen zu zerstören. Sie kann aber dazu beitragen, diesen Gegner zu verstehen. Es war ein Fehler, seine Stärke zu unterschätzen. Auch wenn er noch so absurd und unangemessen, so phantastisch und lächerlich erscheint, muss er ernst genommen werden. „Wir sollten den Irrtum nicht ein zweites Mal begehen!" (Cassirer 2002, S. 388)

Literaturverzeichnis

Adler, A. (1912): *Über den nervösen Charakter,* Frankfurt am Main 1972;

Ders. (1927): Menschenkenntnis, Frankfurt 1966;

Ders. (1931): Wozu leben wir, Frankfurt 1979;

Ders. (1933): *Der Sinn des Lebens,* Frankfurt am Main 1973;

Binswanger, L. (1949): Henrik Ibsen und das Problem der Selbstrealisation in der Kunst. Heidelberg 1949;

Brachfeld, O. (1928a): Marlowe als Vorläufer der Individualpsychologie In: *Internationale Zeitschrift für Individualpsychologie,* 1928, 6,Jg., S. 63 - 66;

Ders. (1928b): Die Deutung eines Traumes in Rousseaus „Nouvelle Héloise“. In: *Internationale Zeitschrift für Individualpsychologie* 1928, 6. Jg., S. 374 - 377;

Ders. (1928c): Die Furcht vor der Frau, in Sage, Märchen und Literatur. In: *Internationale Zeitschrift für Individualpsychologie* 1928, 6. Jg., S. 442 - 456;

Ders. (1929/30): Alfred Adler, der Sexualpsychologe. In: *Zeitschrift für Sexualwissenschaft und Sexualpolitik,* Bd. 16, S. 505 - 507;

Ders. (1930a): Sexuelle Lebensschwierigkeiten. In: *Internationale Zeitschrift für Individualpsychologie* 1930, 8. Jg., S. 142-151;

Ders. (1930b): André Gides Werdegang. In: *Internationale Zeitschrift für Individualpsychologie* 1930,8. Jg., S. 376 - 388;

Ders. (1930/31a): Über Glyptophilie. In: *Zeitschrift für Sexualwissenschaft und Sexualpolitik,* Bd. 17, S. 420 - 425;

Ders. (1930/31b): Das Androgynenproblem in der Gegenwart. In: *Zeitschrift für Sexualwissenschaft u. Sexualpolitik,* Bd. 17, S. 425 - 431;

Ders. (1931): Ortega y Gasset über Alfred Adler und über die Individualpsychologie. In: *Internationale Zeitschrift für Individualpsychologie* 1931, 9. Jg., S. 139 - 140;

Ders. (1934): Individualpsychologie und positivistische Soziologie. In: *Internationale Zeitschrift für Individualpsychologie* 1934, 12. Jg., S. 44–46;

Ders. (1946): Is woman less intelligent than man? In: *Individual Psychology Bulletin,* 5. Jg., S. 87-89;

Ders. (1951): La responsabilité morale et la psychologie adlérienne. In: *Psyché,* 6. Jg., S. 554 - 573 ;

Ders. (1952): El "Jnstituto de Psicoanálisis y Relationes Humanas" de la Universidad de los Andes. In: *Publicationes de la Universidad de los Andes,* Nr. 17, 1952;

Ders. (1945): Minderwertigkeitsgefühle beim Einzelnen und in der Gemeinschaft, Stuttgart 1953;

Ders. (1964a): Das Bild der Frau im Wandel der Zeit. In: Schmaus, M. (Hrsg.): *Die Frau im Aufbruch der Kirche.* München;

Ders. (1964b): Mittelschichtprobleme Südamerikas. Dargestellt am Beispiel der Mittelschichten Venezuelas. In: König, R. (Hrsg.): *Probleme der Mittelschichten in Entwicklungsländern,* Köln;

Ders. (1966): Einleitung zu Adler, A.: *Menschenkenntnis,* Frankfurt am Main;

Cassirer E. (2002): Vom Mythus des Staates, Hamburg 2002 (The myth of he state, 1945);

Dorowin, H. (1989): José Ortega y Gasset. In: *Metzler-Philosophen-Lexikon,* Stuttgart;

Heidegger, M. (1927): Sein und Zeit, Tübingen 1986;

Ibsen, H. (1898): Sämtliche Werke, Band X, Berlin 1898;

König, R. (1968): Oliver Brachfeld (Nekrolog). In: *Kölner Zeitschrift für Soziologie und Sozialpsychologie,* 20. Jg., S. 195 - 197;

Eugène Minkowski (1973): Die gelebte Zeit, 1973 (Le temps vècu, Paris 1933);

Rattner, J./ Danzer, G. (1998): *Hundert Meisterwerke der Tiefenpsychologie,* Darmstadt;

Dies. (2000): Grundbegriffe der Tiefenpsychologie und Psychotherapie, Darmstadt 2000;

Rattner, J. (1997): Vier subjektive Lebensaufgaben. In: Miteinander leben lernen. Zeitschrift für Tiefenpsychologie, Persönlichkeitsbildung und Kulturforschung, Jahrg. 1997, Heft 1, S. 39-49;

Ders. (1999): Zur Einführung der Person in Theorie und Praxis der Heilkunde. In: Miteinander leben lernen. Zeitschrift für Tiefenpsychologie, Persönlichkeitsbildung und Kulturforschung, Jahrg. 1999, Heft 6, S. 21-31;

Ders. (2006): Über die Geistigkeit des Menschen und wie man sie entwickelt. In: Miteinander leben lernen. Zeitschrift für Tiefenpsychologie, Persönlichkeitsbildung und Kulturforschung, Jahrg. 2006, Heft 3, S. 17-27;

Rattner, J./Mackenthun, Gerald (2015) Ein Psychotherapeut und Kulturanalytiker im Gespräch. Vierzig Fragen und Antworten zum Aufbau einer personalen Menschenkunde, Berlin 2015;

Stern, D. (1993): Tagebuch eines Babys, München 1993 (Diary of a baby, New York 1990);

Ders. (2003): Die Lebenserfahrung des Säuglings, Stuttgart 2003;

Ders. (2000): Mutter und Kind. Die erste Beziehung, 4. Aufl. Stuttgart 2000 (The first relationship: infant and mother, 1977);

Editorische Notiz

Einführung zu dem Reprint „Oliver Brachfeld: Minderwertigkeitsgefühle beim Einzelnen und in der Gemeinschaft" aus dem Jahre 1953 (J.G. Cotta'sche Buchhandlung Nachf.), veröffentlicht im Quercus-Verlag Berlin, Mai 2002

Minderwertigkeitsgefühle und ihre Überwindung, Vortrag gehalten an der Urania Berlin im Oktober 2002

Henrik Ibsen als Vorbild der Selbstfindung bei Ludwig Binswanger, Vortrag gehalten am Institut für Tiefenpsychologie, Gruppendynamik und Gruppentherapie (ITGG) Berlin im Januar 2011

Das Zeiterleben des Menschen nach Eugen Minkowski, Vortrag gehalten am ITGG Berlin im Februar 2012

Die Entwicklung des Selbst im Säuglingsalter nach Daniel Stern, Vortrag gehalten am ITGG Berlin im März 2014

Entwicklung zur Person in Theorie und Psychotherapie bei Josef Rattner, Erstabdruck in „Fühlen und Denken, Wege zur Person" von Gisela Greulich, VTA-Verlag für Tiefenpsychologie und Anthropologie, Berlin 2017

Vom Mythus des Staates nach Ernst Cassirer, Vortrag gehalten im Wissenschaftlichen Kolloquium des ITGG im Oktober 2023

Tabellarischer Lebenslauf

März 1939	geboren in Berlin
Ostern 1946	Einschulung in Aachen
März 1959	Abitur
Ab April 1959	Wehrdienst (12 Monate)
Ab Mai 1960	Jura-Studium in Bonn, Freiburg, Köln
November 1964	1. jur. Staatsexamen in Köln
Januar 1965 bis 1970	jur. Vorbereitungsdienst und Anfertigung einer jur. Dissertation
April 1970	2. jur. Staatsexamen in Berlin
September 1970 bis Dezember 1971	Assessor in Rechtsanwaltspraxis
Januar 1972 bis März 2001	Dezernent bei der Bundesversicherungsanstalt für Angestellte
1975 bis Februar 1977	Überarbeitung der jur. Dissertation und Promotion zum Dr. jur.
Ab Juni 1974	Mitglied des „Arbeitskreises für Tiefenpsychologie, Gruppendynamit und Gruppentherapie (ITGG) Berlin"; Charakter- und Lehranalyse; Mitautor von „Der Weg zum Menschen" (1981) und „Menschenkenntnis durch Charakterkunde" (1983), hg, von Josef Rattner
Ab 1985	Leiter von Kleingruppen und Co-Therapeut
1986-1990	Psychologie-Studium an der Freien Universität Berlin
Dezember 1989	Abschluss Ausbildung am ITGG Berlin
August 1992	Promotion zum Dr. phil. an der FU Berlin zum Thema „Der Begriff der Sublimierung und seine Bedeutung für Erziehung und Psychotherapie"

Reinhold Köpke
Keine Angst vor Goethe
Eine Annäherung in 23 Kapiteln
234 S., Hardcover, erschienen Juli 2017
ISBN: 978-3-946130-12-3
24,00 €

Über den Inhalt

Reinhold Köpkes Reiseerlebnisse, seine Vorträge und Aufsätze bringen uns Goethe und die anderen Personen des klassischen Weimars auf unaufgeregte und informative Weise nahe. Wir lesen von Goethes Genie und Schaffenskraft, seiner Arbeit und seiner Geselligkeit, von seinem Liebesleben und von seinem Umgang mit Muße und Stille.

Seit 1980 hat der Berliner Psychologe Köpke mehr als 100-mal Weimar und damit Goethe besucht. Diese Beschäftigung war ein Tor in die Welt des menschlichen Seelenlebens, denn die Person Goethes wirft ein vielfältiges Licht auf die menschliche Existenz im Allgemeinen.

Das Buch mit seinen 23 Aufsätzen und Vorträgen eignet sich hervorragend zur Vorbereitung auf eine Weimarreise und kann ebenso angenehmes Erinnerungsstück eines Besuchs dieser kulturell so anregenden Stadt sein.

Über den Autor

Reinhold Köpke, geboren 1940, gelernter Installateur- und Klempnermeister, wechselte nach einem Studium der Psychologie 1999 in den Beruf des Psychotherapeuten. Er hielt Dutzende Kurse an Berliner Volkshochschulen und leitete Seminare an der Berliner Lessing-Hochschule.

Bestellungen in allen Buchhandlungen und auf allen Internet-Plattformen.

Matthias Voigt
Erziehung, Pädagogik und die Kultur der Menschheit
Der Beitrag der Tiefenpsychologie zur kulturellen Evolution
270 Seiten, gebunden, erschienen April 2017
ISBN 978-3-946130-11-6
27,00 €

Grete J. Adrian
Spiel als Erziehung – Erziehung als Spiel
Ein Essay
192 Seiten, Paperback, erschienen Oktober 2017
ISBN: 978-3-946130-07-9
18,00 € (D; A), 22,00 CHF

Phyllis Bottome
Alfred Adler – aus der Nähe porträtiert
304 Seiten, gebunden, 2., verbesserte Auflage Juli 2017
ISBN: 978-3-00-040056-8
30,00 €